di BARBARA CERQUETTI

IL GIARDINO DELLE FARFALLE

ED ALTRE STORIE FARFALLOSE

GIACONI EDITORE

COLLANA PICCOLI PICCHI

© Giaconi Editore di Simone Giaconi
Via Santa Croce, 7/A - 62019 Recanati MC
www.giaconieditore.com
facebook.com/GIACONIEDITORE
https://twitter.com/GiaconiEditore

ISBN 978-88-940854-7-1

Stampa
seconda edizione
Grafiche Martintype - Colonnella Te
Giugno 2015

Questo libro è dedicato a mio padre,
grande amico delle farfalle
e nemico di tutti i retini del mondo.

Favola dell'inverno

La maledizione della Regina

C'erano una volta, sui monti Sibillini, due fate.
Due sorelle dalla bellezza talmente abbagliante che innumerevoli viaggiatori si avventuravano per la foresta nella speranza di incontrarle anche se, si sa, non è consigliabile avere a che fare con le creature magiche.
Gli spiriti del bosco infatti sono volubili, e non sempre amici degli esseri umani.
Anche Fara e Lena erano così.
Fara aveva i capelli del color della luce e piccoli occhietti maligni. Era facile imbattersi in lei nei luoghi baciati dal sole.
Lena preferiva uscir fuori nelle ore della sera, quando i suoi capelli scuri rilucevano dei riflessi rossi del tramonto che però non riusciva a scaldare il suo sguardo vuoto.
Fara e Lena si divertivano a far perdere la via ai pellegrini.
Conducevano i giovanotti vicino alle tane dei lupi, poi correvano ad aizzare il branco contro i malcapitati nella speranza di assistere ad un combattimento.
Ridevano dei bambini che si smarrivano nel bosco e del loro pianto terrorizzato.
Più passavano gli anni e più diventavano cattive, e più diventavano cattive e più aumentava la loro bellezza.
Così la brava gente non si avventurò più sopra alle mon-

tagne a parte quei pochi che volevano sfidare la sorte e riuscire a scorgere le due bellissime incantatrici.

Un giorno la Regina delle Fate, che ai popoli di quei luoghi era nota con il nome di Sibilla, decise di uscire dalla sua Città Incantata, quella in fondo alla grotta nascosta nel cuore della montagna.
La sovrana era sì desiderosa di passeggiare tra i suoi boschi, ma il vero motivo di quella sua uscita era la preoccupazione per il fatto che nessun essere umano fosse più venuto a cercarla.
Da anni non c'era stata anima viva che avesse raggiunto il suo rifugio per chiederle un incantesimo, una previsione, o semplicemente per scambiare due parole.
Quando raggiunse la foresta, la fata si accorse subito che qualcosa non andava.
Tra gli alberi l'aria era ferma, e pochi animali si affacciavano a renderle onore.
I villaggi, giù in basso, erano tutti abbandonati.
Confusa, la Regina chiese al suo servitore, il folletto Mazzamurello dai mille volti, come mai nei boschi non ci fossero più umani, e addirittura neanche animali.
«Hanno tutti paura delle tue ancelle, mia Signora.»

«Chi, tra le mie servitrici, ha potuto fare questo?» domandò la Sibilla.

«Fara e Lena, le fate dal dolce respiro.»

E qui il piccolo servitore della Regina, raccontò alla Sibilla quanto era accaduto.

Grande fu allora la rabbia di Sua Maestà, che chiamò al suo cospetto le due sorelle e le maledisse.

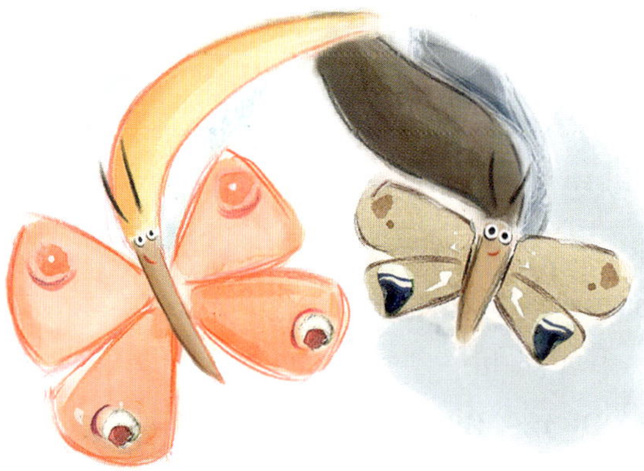

«Siate dannate, poiché la vostra bellezza vi ha reso superbe! Per colpa della vostra perfidia gli esseri umani si sono dimenticati di me, che sono la Regina di questi luoghi, e perfino gli animali sono fuggiti. Cos'è una Regina, senza un popolo che le renda onore?»

Le due fate, terrorizzate dalla furia della loro Signora, si abbracciavano e piangevano, implorando pietà. Ma loro non ne avevano mai avuta per nessuno, e quindi non ne ricevettero.

«Traditrici!» urlava la Sibilla. «Il vostro castigo sarà pari alla vostra scelleratezza! Io vi condanno: voi e la vostra discendenza sarete belle per sempre, sì. Ma sarete stupide, e la vostra vita sarà breve! Fara! Il tuo popolo vivrà di giorno» e a queste parole Fara si trasformò in un piccolissimo essere celestiale dalle ali simili a petali di fiori, quella che ancora oggi noi chiamiamo "farfalla".

«E tu, Lena, apparterrai alla notte» continuò la Regina mentre l'altra mutò in un minuscolo essere oscuro, quello che prese poi il nome di "falena".

«Nessuna di voi due vivrà mai più di una stagione, e la vostra vita sarà priva di senno e di senso perché la vostra intelligenza l'ho presa io.»

Così dicendo aprì la mano verso le due creature che vorticavano di qua e di là, come impazzite.

Dentro il palmo della Regina v'erano due piccoli globi pulsanti, simili a stelle.

Come la loro luce si diffuse per l'aria intorno, quel piccolo insetto che un tempo era stato Lena si precipitò verso la sfera, ma ci sbatté contro e ricadde all'indietro, frastornato.

La Sibilla richiuse la mano e rise.

«Stupida! Tu e tua sorella dovrete fare ben altro per guadagnarvi il vostro senno e spezzare la mia maledizione.»

«Cosa?» chiesero loro, all'unisono.

La Regina accartocciò i due globi nella sua mano, come due acini da spremere, poi li scagliò lontano, guardando divertita il piccolo bagliore che spariva all'orizzonte, da qualche parte tra i boschi.

«Dovrete ritrovarlo» sentenziò, andandosene.

Fara e Lena partirono come schegge all'inseguimento della loro intelligenza e del loro destino, ma dopo pochi

metri avevano già dimenticato perché stavano correndo e si sedettero su una foglia, confuse e imbambolate, senza neanche rendersi conto che una tempesta era alle porte e dovevano trovarsi un riparo.

E così fu la condizione delle loro discendenti nei secoli successivi: tutte le farfalle e tutte le falene rimasero creature dalla bellezza straordinaria, ma dall'intelletto limitato.
Per sempre sciocche, distratte, insensate, pazzerelle e con la vita breve, almeno finché non avessero ritrovato l'intelligenza perduta.

Farfalle dei mesi di novembre, dicembre, gennaio, febbraio.

Nessuna

Nessuna farfalla esce fuori dal bozzolo durante l'inverno ma ognuna aspetta pazientemente che passino i brutti giorni del freddo e arrivino tempi migliori. Forse da qualche parte nelle loro testoline ripensano alla maledizione della Regina e tremano di paura, oltre che di freddo.

Favola di marzo

Il dentino di Vanessa

Vanessa viveva in un posto bellissimo, e già solo per questo potremmo dire che era una bambina molto fortunata.

Ma lo divenne ancora di più quando ricevette un dono straordinario da parte di colei con cui tutti i bambini prima o poi devono avere a che fare, ossia la più potente, la più bella, la più misteriosa tra tutte le…

Ma, un attimo!

Stiamo andando troppo in fretta.

Facciamo un passo indietro e torniamo al luogo dove Vanessa viveva: il “Giardino delle Farfalle”.

Il Giardino delle Farfalle era una riserva naturale in cui la famiglia di Vanessa allevava falene e farfalle, che poi venivano lasciate volar via libere per i monti.

«Ce ne sono sempre di meno, povere creaturine» si lamentava spesso la nonna.

«Colpa dell’inquinamento» brontolava il nonno per tutta

risposta. La mamma era una grande esperta di piante e, assieme al papà e ai nonni, aveva sistemato un giardino sconfinato che si estendeva fino ai boschi circostanti e ad un piccolo laghetto di ninfee nascosto tra gli arbusti.
Un poco più giù c'era l'orto di erbe aromatiche: il loro profumo, trasportato dal vento, si poteva sentire dalle valli alle vette innevate.
Per completare l'opera, tutta la famiglia aveva anche costruito una serra ed un piccolo museo dove la mamma spiegava quello che c'era da sapere sulle farfalle ai tanti bambini che venivano lì in gita scolastica.
A Vanessa piaceva ascoltare le spiegazioni della mamma e dàgli oggi, dàgli domani, alla fine aveva imparato un sacco di cose sull'argomento.
«Ah, quanto siete belle» sospirava all'arrivo della primavera passeggiando tra le aiuole del parco, mentre quei piccoli insetti speciali tornavano a volteggiare spensierati, dopo i lunghi mesi invernali. «Quanto mi piacerebbe poter giocare con voi!»
Quello era infatti il suo desiderio più grande: poter diventare amica delle farfalle.

Fu in una giornata di metà marzo che accadde uno dei più grossi eventi della sua vita: il dente davanti, quello di sopra a destra, cominciò a dondolare.
Dapprima si trattò di un'oscillazione trascurabile, che poteva essere avvertita solo quando Vanessa lo stuzzicava con la lingua, ma bastarono pochi giorni affinché il dentino prendesse a ballare sempre più audace, passando da un tranquillo valzer ad uno scatenato saltarello.
Solo che a saltare del tutto non si decideva mai!
Penzolava in avanti, indietro, traballava di qua, si inclinava di là, ma alla fine dei mille tentativi il piccolo ostinato si ritrovava sempre al suo punto di partenza, ben saldo sulla gengiva.
«Se il dente vecchio non viene giù, quello nuovo le crescerà tutto storto» brontolava la nonna, che ogni giorno si preoccupava sempre di più. «Se il dente nuovo le cresce storto toccherà comprarle l'apparecchio per i denti, che scocciatura!»
Vanessa provava ad afferrarsi il dente con la punta delle dita e a tirare, ma quello le sfuggiva sempre. Era troppo scivoloso. Poteva anche darsi che lei non tirasse troppo forte. In fondo chi poteva biasimarla se all'ultimo momento le veniva un po' di fifa?
Un brutto giorno però la nonna ne ebbe abbastanza e sentenziò: «Bisogna farlo cadere e fine della storia. È per il bene della bambina!»

E con queste parole ebbe inizio

l'Operazione Dentino!

«Farà male?» chiese Vanessa preoccupata
«Non preoccuparti, gianduiotta mia» rispose la signora prendendo la nipotina per mano e portandola davanti alla porta d'ingresso del Museo della Farfalla. «Useremo un metodo infallibile dei miei tempi.»
«Sì, ma farà male?»
«Vedrai che in un battibaleno il problema sarà risolto.»
«Ti sei scordata di dirmi se farà male…»
La nonna armeggiò in un cassettino del bancone e tirò fuori un rotolo di spago.
«Apri la bocca» disse la vecchietta tutta entusiasta.
Vanessa non aveva tutta questa grande voglia di aprire la bocca, ma la nonna la stava guardando con un grande sorriso incoraggiante e convinto, intanto che con la testa annuiva forsennatamente.
«Senti nonna, non è che farà…?» fece per chiedere di nuovo, ma come aprì la bocca la nonna ci si tuffò. Fu velocissima, anche grazie all'allenamento interminabile con l'uncinetto, il ricamo, la maglia e il pizzo a tombolo. La bambina non ebbe neanche il tempo di richiudere la bocca, che il suo dentino era già legato come un salame ad una delle estremità dello spago.
Tutta contenta la nonna andò ad allacciare l'altra estre-

mità alla maniglia della porta. «Adesso, appena qualcuno entrerà, il movimento della porta tirerà il filo e il tuo dentino… zip! Salterà via!» spiegò entusiasta.
«A-à à-e?» domandò Vanessa. Non era facile parlare con la bocca spalancata, ma quello che stava chiedendo era abbastanza semplice da capire.
«No, no, non farà male» rispose la nonna.
Ma poi si accucciò tutta dietro al bancone e si tappò le orecchie, e questo alla bambina non parve un buon segnale.
Vanessa era bloccata: se avesse provato ad andare indietro il filo avrebbe tirato il dente, se avesse provato ad andare in avanti la nonna l'avrebbe rimessa al suo posto. Rimase dunque ferma in piedi, rigida come un baccalà, aspettando che qualcuno si decidesse ad entrare, ponendo fine alla sua sofferenza.

Tic
Tic
Tic

Le lancette dell'orologio scorrevano implacabili, ma la maniglia della porta rimaneva abbassata.
E più il tempo passava e più la paura di Vanessa cresceva.
Quanto tempo avrebbe messo quel filo a strappargli il dente dalla bocca? Quanto avrebbe fatto male?
La bambina non era più sicura che valesse la pena darsi tanto da fare per uno sciocco dentino da latte.
In fondo non era questo gran problema se il dente nuovo

cresceva storto, no? E poi a lei gli apparecchi per i denti erano sempre sembrati degli oggetti così affascinanti!
Passò un'ora interminabile, e nessuno si decideva ad aprire quella porta. Da dietro il bancone le giungeva il russare della nonna, che nel frattempo si era addormentata mentre lei rimaneva lì, legata per il dente, con la bocca spalancata come un pesce, e tanta voglia di andare a fare la pipì.
«Che fai lì?» chiese la mamma, giungendo alle sue spalle.
«Owwa uoe oieji i eie » provò a rispondere lei.
«EHHH?»
Vanessa indicò lo spago con la punta del dito, e la mamma la liberò.
«Nonna vuole togliermi il dente » disse di nuovo Vanessa, stavolta in maniera comprensibile.
E poi spiegò alla mamma tutta la storia del filo e della maniglia. Alla fine del racconto la mamma si mise a ridere di cuore: «Potevi rimanerci anche tutta la notte, lì impalata. La nonna non si ricordava che oggi il Museo è chiuso?»

Quella sera, a cena, la nonna fu molto contrariata dal fallimento del suo piano.
«Ah, che disdetta» sospirò per la centesima volta, mettendo in tavola le bistecche alla brace che aveva cucinato. «Ma quel dentino deve cadere, ad ogni costo. Domani tenteremo con le tenaglie, va bene piccolina?»

Le tenaglie? Tutto ad un tratto alla bambina il metodo della cordicella non sembrò più così malvagio.
«Non saprei, nonna» mormorò, aprendo poi la bocca per addentare un pezzo di bistecca.
Ma quando fece per mordere avvertì uno strano *crac*. Subito controllò il boccone che stava cercando di mangiare ed eccolo lì, il suo dentino, conficcato al centro.
«Il dentino! È rimasto infilzato qui» esultò Vanessa.
«E ci credo» brontolò il nonno. «È dura come un sasso! La bistecca più cattiva di tutta la mia vita. Tua nonna non imparerà mai a cucinare, dai retta a me.»
Tutti festeggiarono la caduta del dentino, e come premio lasciarono mangiare a Vanessa due coppe di gelato.
Poi la mamma le raccontò la storia della fatina dei dentini, che prende il dentino che gli lasci sotto al cuscino e in cambio ti dà un soldino oppure una moneta di cioccolato.
Vanessa quella notte lasciò il dentino sotto al cuscino, proprio come le era stato spiegato, ma ci aggiunse anche una lettera che aveva scritto con l'aiuto della mamma.

Cara fatina,
questo dentino è molto speciale e mi è costato un sacco di fatica.
Prima sono rimasta legata per mezza giornata alla maniglia della porta, e me la sono fatta quasi sotto per la paura, poi m'è toccato mangiare la bistecca cucinata dalla nonna, che era dura come un pezzo di ferro. Insomma, credo che anche tu sarai d'accordo che il mio dentino vale molto di più di un

soldo di cioccolato o di una moneta. Se possibile preferirei che tu esaudissi il mio desiderio più grande. Voglio diventare amica della farfalle del mio giardino.

Grazie,
Vanessa

La mattina dopo, quando si svegliò, il dentino da sotto il suo cuscino era effettivamente scomparso senza venir sostituito da alcun soldo o cioccolatino.
In compenso però Vanessa trovò un barattolo pieno di caramelle colorate.
Sull'etichetta c'era scritto:

CAR-RES
CARamelle REStringenti

Ogni pastiglia ha effetto per un'ora.
Usare con cautela.

E fu così che Vanessa vide avverato il suo desiderio: da quel momento in poi ogni volta che voleva giocare o parlare con le farfalle del suo giardino le bastava prendere una Car-Res e immediatamente diventava piccola piccola, per un'ora intera.
Da quel giorno poté vivere mille straordinarie avventure che furono tramandate di generazione in generazione nei secoli a seguire.
Ah, che fortuna! Potete trovarne qualcuna anche in questo libro qui!

Farfalla del mese di marzo

Vanessa Atalanta

I genitori di Vanessa, quando la bambina nacque, decisero proprio di chiamarla come una delle loro farfalle preferite, quella nera e arancione, con le macchiette bianche sulla punta delle ali. Una farfallina simpatica e variopinta, a cui piace poco il freddo.
Se vuoi scoprire come è fatta, colora seguendo i numeri.

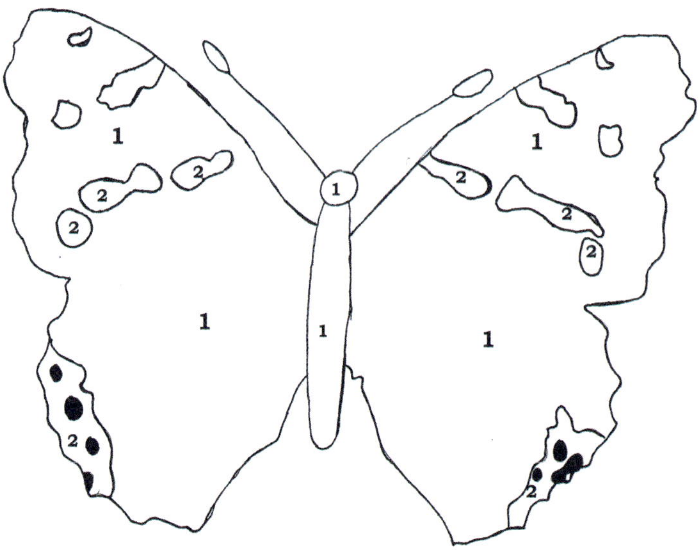

1= nero
2= arancione

Favola di aprile

Il brucaliante

Aprile quell'anno era iniziato con il brutto tempo, tanto da costringere Vanessa a rimanere a casa, con la faccia spiaccicata sul vetro per ore e ore, a guardare le gocce di pioggia che rigavano la finestra.

Ogni tanto correva dalla mamma e gridava: «Ha smesso! Ha smesso! Posso uscire? Ti prego, ti prego!»

«Assolutamente no! Ti sporcherai tutta di fango!» rispondeva la mamma esasperata dopo il centesimo "ti prego".

Vanessa aveva le sue buone ragioni per essere insistente. Moriva infatti dalla voglia di provare il dono magico che la Fata dei Denti le aveva fatto in occasione della caduta del suo primo dentino: un barattolo di pastiglie magiche in grado di farla restringere e diventare piccola come un insetto.

All'inizio aveva pensato di provarne una nella sua cameretta. Era troppo curiosa: voleva sapere che sapore avessero le caramelle magiche, e ovviamente voleva provarne l'effetto. Fu molto tentata di prenderne una, solo una, tanto per fare una prova. Poi avrebbe usato tutte le altre per esplorare le meraviglie nascoste nel suo giardino.

Aveva aperto il barattolo, contemplando le piccole sfere, ognuna di un colore diverso, poi aveva scelto quella che

le sembrava più buona (quella color lilla, per l'esattezza) e l'aveva avvicinata alle labbra… ma poi l'aveva rimessa al suo posto.

Dalla stanza vicina le giungevano chiari i rumori della mamma che trafficava, ai fornelli; il papà entrava e usciva dal portone, intento in chissà quali faccende. Non voleva che i grandi, girando per casa, si accorgessero che lei era scomparsa. E poi non doveva scordarsi della nonna che aveva la brutta abitudine di spolverare, rifare i letti e pulire in continuazione anche là dove era già tutto lustro e splendente. Se l'arzilla vecchietta fosse entrata in camera, anche solo per caso, e l'avesse trovata vuota ne avrebbe senz'altro approfittato per passar la scopa e Vanessa avrebbe rischiato di essere spazzata nella paletta e gettata via con l'immondizia.

No, grazie, era meglio aspettare.

«Mamma, posso uscire? Dai, dai!» chiedeva Vanessa in continuazione.

«E va bene» si arrese infine la mamma alla prima giornata di sole, e Vanessa non se lo fece ripetere due volte, prendendo a correre sparata come un razzo. Attraversò in un battibaleno tutto il grande prato di fronte alla sua casetta e girò attorno alla serra; poi quando fu sicura di essere

lontana da sguardi curiosi tirò fuori il suo barattolo di Car Res, Caramelle Restringenti, e svitò il tappo.
Poi, un po' emozionata, mangiò la sua prima caramella.

Dapprima non avvertì nulla. Poi percepì una sensazione di solletico ai polpacci e si accorse che erano i fili d'erba del prato. Fino a pochi secondi prima le arrivavano sì e no alle caviglie, e adesso stavano crescendo ad una rapidità impressionante. Non aveva neanche finito di fare queste constatazioni che l'erba le era arrivata alle orecchie, e poi era salita su su, sopra la sua testa. Ben presto gli steli dei fiori divennero alti come alberi, e lei si ritrovò immersa nella foresta che, pochi attimi prima, era stata la zolla di terra sotto alla sua suola.
Evviva! La magia aveva funzionato: non era l'erba ad essere cresciuta, ma era lei che si era fatta piccolina.
Ora finalmente la sua avventura poteva iniziare.

Tutta baldanzosa la piccola Vanessa iniziò a passeggiare tra l'erba gigantesca, facendosi largo tra gli steli come se stesse avanzando in mezzo alla foresta pluviale.
«C'è nessuno?» gridò dopo un po', perché aveva preso ad annoiarsi.

I fili d'erba infatti, sia a guardarli da grandi, sia a guardarli da rimpiccioliti, erano pur sempre tutti uguali, e senza nessuno con cui fare due chiacchiere la grande avventura non aveva poi tutto questo gusto.

Poco più avanti vide una fila di formiche che procedevano tranquille per i fatti loro.

Erano grandi più o meno come dei cagnolini da compagnia e, viste da vicino, erano anche molto graziose.

«Ehilà, formichine! Che fate di bello?»

Un paio di loro si voltarono a guardarla, con occhietti neri poco espressivi.

«Tu sei cibo?» chiesero.

Vanessa saltò indietro indignata: «Nooooo! Io non sono cibo, io sono una bambina!»

Le formiche, poco interessate alle sue spiegazioni, ripresero per la loro strada senza prestarle altra attenzione e Vanessa se ne andò per la parte opposta, un po' offesa con quelle stupidelle.

«Ahahahah!» sghignazzò una voce dietro un mazzetto di camomille alte quanto ombrelloni da spiaggia.

«Non avevo mai incontrato qualcuno così sciocco da mettersi a parlare con le formiche. Lo sanno tutti che quelle non sono amiche di nessuno!»

E adesso chi era che la prendeva in giro nascosto dietro i fiori?

«Non sono sciocca, sono solo nuova da queste parti e devo ancora ambientarmi.»

«Durerai poco qua da noi, se non impari in fretta.»

«Beh, insegnami tu, visto che fai tanto il sapientone. Ma prima faresti bene a presentarti, se non vuoi passare per un maleducato.»

Il misterioso personaggio rimase in silenzio per qualche istante, tanto che Vanessa pensò che se ne fosse andato; ma poi qualcosa da dietro le foglie delle camomille prese a fare crick crack, crick crack, ed ecco comparire un grazioso bruco dal corpo verde brillante, ricoperto da tanti ciuffetti.

«Oh, quanto sei carino!» esclamò Vanessa tutta intenerita. Il bruco aveva un musetto da cucciolo, e i suoi peli sembravano tanto soffici. «Posso farti una carezza?»
Ma il bruco zompò subito indietro.
«Che sei tutta matta? Le mie spine sono velenose!»
«Addirittura velenose!» rispose Vanessa alzando le mani. «E a me che sembravano così soffici e invitanti. Meno male che me l'hai detto, allora. Grazie, non ho voglia di morire stecchita appena arrivata nel vostro mondo.»
«Adesso non esageriamo. Ti avrebbero semplicemente pizzicato, procurato un'esplosione di bolle rosse e tu ti saresti grattata a tutto spiano finché non fosse uscito fuori il pus…»
«Basta, che schifo! Non voglio sapere nient'altro. Prima la formica che voleva fare merenda con me, poi un bruco con le spine velenose. Ma c'è qualcuno che non sia strano, quaggiù?» domandò Vanessa frastornata; ma stavolta il bruco non ebbe la possibilità di rispondere perché un'ombra volteggiò sopra le loro teste.
Era una farfalla bellissima che girava loro attorno. Le sue ali erano color celeste e arancione, striate di nero, e danzava nell'aria con grazia ed eleganza. Teneva qualcosa nascosto tra le zampine.
«Oh no!» brontolò il bruco. «Questa no!»
«Ragazzi, l'ho trovato!» urlò la farfalla, e in pochi istanti due suoi compari la raggiunsero.
«Ahahah! Non ci scappi stavolta, brutto muso!» esclamarono tutte insieme.

Il bruco si era attorcigliato su se stesso e aveva drizzato le spine peggio che se fosse stato un istrice.

«Lasciatemi stare» piagnucolò.

Ma la farfalla che lo aveva trovato per prima non gli diede ascolto. Tirò fuori quello che nascondeva tra le zampine, e cioè una caterva di palline marroni dall'aspetto piuttosto viscido, e le distribuì alle sue compagne.

«Il tuo brutto muso ci disturba, e adesso ti beccherai il trattamento Palla di Fango» urlò, poi le farfalle presero a tirare le palle addosso al bruco, colpendolo in pieno.

«No, il Fango Gavettone no!» strillava quello senza riuscire a sottrarsi ai loro tiri.

Quando una palla andava a colpire i suoi aculei, esplodeva schizzando fango puzzolente tutt'attorno, imbrattandolo senza pietà.

Al che le farfalle esultavano e cantavano allegramente:

«Brucozzolo, Brucozzolo, sei brutto fuori e dentro al bozzolo!»

Il bruco ormai era diventato completamente marrone, per quanto era ricoperto di fango, e piangeva affranto.

Allora Vanessa, presa dall'indignazione, alzò il pugno al cielo e gridò: «Brutte prepotenti! In tre contro uno solo! Non si fa così! Lasciatelo in pace, che cosa vi ha fatto di male?»

Le tre pestifere non si lasciarono affatto intimidire e per tutta risposta bersagliarono anche lei, finché non terminarono il loro carico di Fango Gavettoni. Infine, soddisfatte, proseguirono per la loro strada lasciando Brucozzolo

(questo era il nome che avevano usato) e Vanessa sporchi e puzzolenti.
Brucozzolo continuava a piangere come una fontana.
«Su su, non fare così» cercò di calmarlo Vanessa. «Ti farei una carezza per consolarti, se non avessi paura delle tue spine.»
«Dietro il collo non ne ho» suggerì il bruco con una vocina piccola piccola, e chinò la testa per mettere in mostra, proprio sul retro, un pezzettino di pelle libera dalle spine.
Con la massima attenzione Vanessa prese a dargli delle piccole pacche affettuose, prima di chiedere: «Ma perché ti trattano così, quelle antipatiche?»
«È una lunga storia» rispose Brucozzolo con l'aria di chi voleva cambiare argomento.
«Io ho ancora qualche minuto» insistette Vanessa.
«Non so se un'ignorante come te, una che non sa niente delle formiche, delle spine, e delle Palle di Fango, una che non si capisce nemmeno che insetto sia e che è appena arrivata… ecco, non lo so mica se puoi capire.»
«Mi impegnerò.»
«La conosci La Canzone del Bruco?»
Quando Vanessa fece di no con la testa, Brucozzolo mugugnò: «E ti pareva! Sei proprio una grandissima ignorante. Va bene, apri le orecchie e ascolta!»

Canzone del Bruco

Dopo il tuono, il lampo e il vento,
dopo la neve, l'uragano e lo spavento,
dopo un inverno di freddo e gelo,
ecco infine una gemma sullo stelo.

Spunta un bocciolo sul ramo del pesco
e presto il frutteto è tutto un affresco,
i fiori colorano colline e prati,
sui cieli i passeri sono tornati.

Non devi stupirti, bambino o bambina,
se sopra una foglia vedrai una pallina.
Non è un balocco di noi poveri insetti,
non giocano a calcio formiche e ragnetti!

Non è una palla, ma il piccolo uovo
della farfalla che nasce di nuovo,
per colorare e animare la festa
di campagna, giardino e foresta.

Ma fa' attenzione, non cadere in errore,
se spezza il guscio, con molto dolore,
non ci son ali dal disegno squisito
ma solo una larva con tanto appetito.

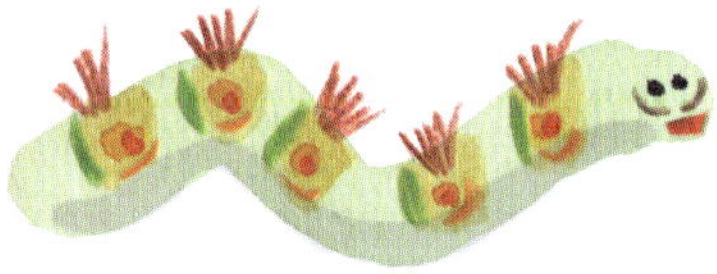

Son verde, son brutto, son pieno di spine
mangio solo le foglie, niente merendine.
Che schifo torte, gelati e ossobuco!
Ma in fondo è normale, io sono un bruco!

Mangiare mi piace, ma solo l'erba,
la gramigna mi sembra davvero superba,
son ghiotto di petali, rami e spine
li cucino per bene e li faccio a fettine.

E quando la pancia mi sta per scoppiare
arriva il tempo in cui devo cambiare;
un poco ho paura, non lo nascondo
ma la trasformazione, si sa, è la legge del mondo!

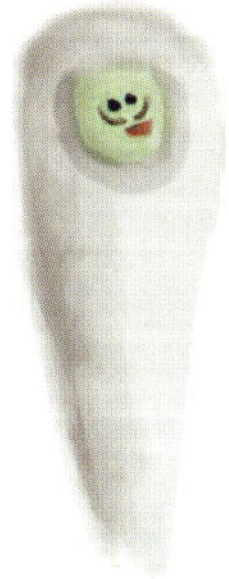

Un filo sottile mi vien fuor dalla bocca
e il momento è solenne: guai a chi mi tocca!
Non è saliva, o bava, o schiuma
è seta leggiadra come una piuma

che tutto quanto adesso mi avvolge
e ciò ch'ero prima del tutto sconvolge.
Un bozzolo bianco rimane di me
e ciò ch'era prima, adesso non è.

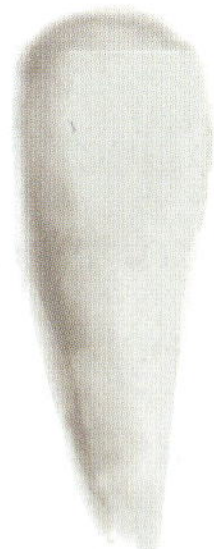

Chiuso qui dentro mi chiamano pupa
e a star prigioniero la pazienza si sciupa.
Aspetto aspetto, che cosa lo so.
Mi piace poco, ma scelta non ho.

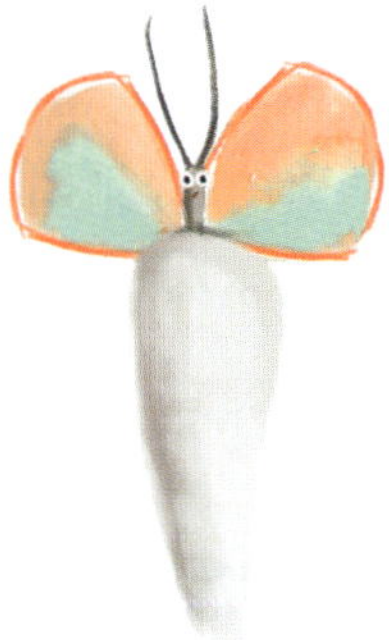

Domani il sole bacerà questo ramo
una vocina urlerà: "Forza, andiamo!"
La bella farfalla uscirà fuori
felice e contenta dei suoi nuovi colori.

E niente saprà del bruco che era.
La sua testa, lo vedi, adesso è leggera.
E poi la capisco, a dirtela tutta:
non vuol ricordar che un tempo era brutta!

Vanessa ascoltò con educazione tutta la storia, e quando Brucozzolo ebbe finito si alzò in piedi indignata: «Vuoi dirmi che quelle prepotenti se la prendono coi bruchi perché non vogliono ricordarsi che un tempo anche loro erano fatte così? »
«Sì» mormorò Brucozzolo, con una vocina piccola piccola. Poi aggiunse, tutto lacrimoso:
«E con me se la prendono più che con gli altri!»
«Ma perché?» chiese Vanessa. «Perché con te più che con gli altri?»

«Perché a suo tempo il bozzolo io lo avevo fatto, eccome. Ed era un signor bozzolo, posso garantirtelo. Tutto in seta buona di prima qualità. Ma quando sono uscito fuori, ero ancora tale e quale! Un bruco identico a quello di prima. Niente ali, niente antenne, niente di niente. Tutti i miei amici sono diventati belli ed eleganti, ma quando si sono accorti che io non ero cambiato hanno iniziato a prendermi in giro e a tirarmi i Fango Gavettoni. E la cosa più triste è che non potrò vedere mai il mondo dal cielo, come loro. Io, che sono sempre stato un appassionato di volo, sarò costretto a strisciare per tutta la vita.»

A questo punto Brucozzolo prese a piangere come una fontana. Ogni tanto, tra un singhiozzo e l'altro, gridava disperato:

«Non ho le ali e non volerò maiiiii! Buahhhhhhhhh!»

Vanessa cercava le parole per consolarlo, ma non ne trovava. Cosa poteva dire ad un bruco che non era riuscito a trasformarsi in farfalla e che adesso era preso in giro da tutti i suoi vecchi amici?

Brucozzolo le sembrava così piccolo e impaurito.

A dirla tutta sembrava sempre più piccolo e sempre più impaurito ad ogni secondo che passava, così come le camomille e i fili d'erba.

Ah, ma non era lui a farsi piccolo, era Vanessa che stava diventando sempre più grande.

Evidentemente l'ora era trascorsa, quindi l'effetto delle caramelle era terminato.

Con estrema attenzione Vanessa si chinò e prese il piccolo

bruco tra le mani. Tremava dalla paura, poverino. Aveva anche drizzato i suoi famosi aghi velenosi, ma mentre prima, alla Vanessa rimpicciolita quelle erano sembravate delle armi minacciose, adesso sull'enorme palmo della sua mano facevano appena un leggero pizzicore, più simile al solletico che ad un vero fastidio.

Con estrema delicatezza Vanessa condusse il piccolo Brucozzolo dentro la serra e lo appoggiò sopra una pianta di insalata.

«Ecco, piccolino. Qui sarai al sicuro e nessuno ti darà fastidio. Fidati di me, ci penserò io ad aiutarti. Ho un'idea fantastica!»

Poi Vanessa si dileguò.

Il capannone degli attrezzi era il luogo preferito dal papà di Vanessa.

Quando il signor Patrizio non era occupato con i lavori per la casa o per la riserva naturalistica correva a chiudersi lì dentro e si dedicava alla sua vera, grande passione: il modellismo.

Il simpatico omaccione adorava costruire complicatissimi velieri dentro le bottiglie di vetro, per non parlare della sua "Torre di Pisa" tutta interamente realizzata con gli stuzzicadenti. Ma il suo forte, ciò in cui il suo talento si scate-

nava, erano gli aeroplani telecomandati. Li progettava, li costruiva, li smontava, li rimontava e li modificava per poi assemblarli di nuovo.
Nella sua collezione ce n'erano ben ottantasette!
Quel giorno Vanessa andò dal papà piena di entusiasmo e lo pregò di costruire una cosa per lei.
Al signor Patrizio occorsero un paio di giorni per fare un lavoro preciso, ma il risultato fu strepitoso.
Per prima cosa realizzò un paio di ali usando le stecche di due ghiaccioli e una tela che colorò di celeste ed arancione, proprio come gli aveva chiesto Vanessa.
Poi avvitò sotto le ali un ditale da cucito e dietro al ditale collocò un'elica ed una piccola pila.
«Con questa dovrebbe essere in grado di volare almeno per un anno» commentò soddisfatto il signor Patrizio. «E quando si scaricherà basterà cambiare la pila per farlo andare ancora.»
Poi montò una serie di cordicelle e leve, tutte collegate al ditale, intanto che spiegava alla bambina ogni minimo passaggio. «E con queste, in teoria, si dovrebbe poter pilotare l'aeroplano. Questa manopola è per salire, questa serve a scendere, e tirando questa cordicella si può andare a destra oppure a sinistra.»
Vanessa ascoltava tutte le spiegazioni con la massima attenzione e quando finalmente il papà le consegnò la piccola macchina volante ultimata, lei corse subito alla serra dove aveva lasciato Brucozzolo due giorni prima.
L' insalata nel vaso adesso era tutta sgranocchiata.

Vanessa appoggiò l'aeroplano sul pianale e tirò fuori il barattolo di Caramelle Restringenti.

In quattro e quattr'otto fu di nuovo piccolina.

«Ma che fine avevi fatto?» le domandò Brucozzolo, un po' sconvolto.

Prima questa bambina era minuscola, poi era diventata un gigante, adesso era minuscola di nuovo. Minuscola, gigante, minuscola, gigante… ma insomma, non si poteva mai stare tranquilli a mangiare la lattuga in santa pace?

«Sono andata dal mio papà» spiegò Vanessa, tutta contenta. «E guarda! Ti ho portato un regalo.»

E così dicendo gli indicò la macchina volante.

«Ah, bello. Davvero, bellissimo» fece Brucozzolo ammirato. «Che cos'è?»

«È un brucaliante» rispose lei tutta orgogliosa.

«E cioè?»

«Un brucaliante, ovvero un aliante per bruchi.»

Brucozzolo continuava ad avere uno sguardo da babbeo, e allora Vanessa esplose: «Ma non lo capisci, tontolone? Questa è la soluzione a tutti i tuoi guai. Anzi, ai nostri guai. Io e te saliremo qui sopra, proprio dentro al ditale, e potremo svolazzare per tutto il giardino senza nessuna fatica. Io ti insegnerò a guidarlo. Il papà mi ha spiegato benissimo come si fa. Guarda, è facile: basta imparare a tirare le cordicelle nel verso giusto.»

Finalmente Brucozzolo parve capire. «Vuoi dire che potrò volare? Librarmi nel blu dipinto di blu, svolazzare per il prato, volteggiare verso l'azzurro del cielo e tornare giù in picchiata e di nuovo su?»

Vanessa annuì e il bruco si abbandonò ad un grido di trionfo.

«Yauhhhhhh! Questo è il mio sogno che si realizza!»

Da quel giorno Brucozzolo smise di ingozzarsi di verdura e prese ad esercitarsi sopra al brucaliante finché non divenne un ottimo aviatore.

A questo punto lui e Vanessa misero a punto un piccolo piano per fare giustizia.

Un bel pomeriggio Brucozzolo si posizionò al centro del prato, in una zona molto in vista e prese a gridare con tutto il fiato che aveva: «Ahimé, Ahimé! Come sono solo! C'è

qualcuno che vuole giocare con me?»

Non dovette attendere a lungo che fu di nuovo circondato dallo stesso gruppo di farfalle attaccabrighe di qualche giorno prima.

«Guardate, guardate, c'è Brucozzolo che cerca guai» dissero in coro.

«Brucozzolo, quello brutto fuori e dentro al bozzolo» ricominciarono a prenderlo in giro.

In quel momento dal cielo un'ombra scura si abbatté sopra di loro, veloce ed implacabile.

«Oddio, cos'è?» domandò una.

«Un corvo, un passero, una beccaccia?» chiese un'altra, tutta impaurita.

«Un mangiafarfalle!» gridò la terza, terrorizzata, svolazzando in panico a destra e sinistra.

Ma non era un predatore, era il brucaliante che calava su di loro, a tutta birra.

Vanessa era alla guida e mentre si precipitava in picchiata verso il terreno gridò: «Salta su, Brucozzolo.»

Il piccolo bruco zompò dentro al ditale e subito il brucaliante tornò in alto all'inseguimento delle tre farfalle prepotenti. Appena le raggiunse Brucozzolo si strappò le spine dalla schiena e gliele lanciò contro come fossero state freccette.

«Ahia, come pizzica!» strillavano quelle ogni volta che venivano colpite.

«Ben vi sta!» gridava Vanessa. «E adesso ditelo anche a tutte le altre! Se vi vedo un'altra volta prendere in giro un

bruco, o qualche altro animale indifeso, io e Brucozzolo ve la faremo pagare! Da oggi in poi voi farfalle vi comporterete bene, altrimenti dovrete vedervela con noi, parola di Vanessa!»
Le tre piccole pesti scapparono via ad ali spiegate, grattandosi le bolle che già stavano spuntando là dove erano state colpite.

Da allora le cose nel prato cambiarono. In poche ore, per tutto il giardino si sparse la notizia dell'arrivo di una nuova creatura, vendicatrice dei deboli e degli innocenti, dotata di poteri straordinari e di un profondo senso della giustizia. Un'eroina armata di una portentosa macchina volante e capace di trasformarsi in una gigantessa. Il suo aiutante era un bruco dalle spine velenose e il loro quartier generale era la serra.
Ben presto tutti presero a chiamarla SuperVanessa, e da quel giorno ogni volta che un debole aveva bisogno di aiuto, sapeva a chi rivolgersi.

Farfalla del mese di aprile

Farfalla Aurora

Le farfalle prepotenti che abbiamo incontrato in questa storia sono le farfalle Aurora. Si possono riconoscere facilmente: le ali (bianche o celesti) hanno sempre la punta arancione.
Anche Brucozzolo sarebbe diventato così.
Colora seguendo i numeri per scoprire che aspetto avrebbe avuto.

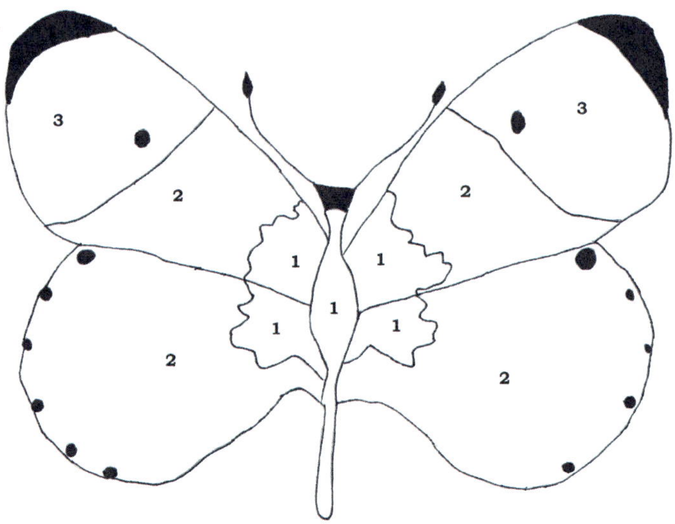

1= nero
2= celeste
3= arancione

Favola di maggio

Una farfalla non fa bau

Maggio era il mese in cui finalmente le giornate si allungavano e i fiori profumavano l'aria con la promessa di cose nuove.
Mentre la natura iniziava il suo tripudio, Vanessa aveva organizzato nella serra il quartier generale per le scorribande nel microscopico mondo degli insetti.
Si era organizzata bene.
Aveva scelto un angolino che nessuno degli adulti usava mai e ci aveva sistemato la sua vecchia casa delle bambole. Brucozzolo ovviamente se ne era subito appropriato, sceglendosi la camera più bella e il lettino più comodo. Quando poi aveva scoperto che la vasca da bagno funzionava davvero ed era anche dotata di idromassaggio, non c'era stato più verso di farlo tornare a vivere in mezzo all'insalata. Per quanto lo riguardava, se le bambole non sapevano godersi quella sciccheria, allora ci avrebbe pensato lui.
Vanessa l'aveva lasciato fare e si era limitata a nascondere il barattolo di caramelle magiche dentro l'armadio giocattolo e tenere il brucaliante a portata di mano.
Ogni volta che c'era via libera, Vanessa mangiava una Car Res e diventava piccolina. A quel punto lei e Brucozzolo partivano col brucaliante per fare mille giri fuori, all'aria aperta.

Erano diventati piuttosto famosi lì attorno, e capitava spesso che qualcuno li fermasse per chiedere una mano: un grillo che soffriva di sciatica e aveva bisogno di un passaggio, una lumaca in ritardo per la cena, un'ape che aveva perso il pungiglione e non lo trovava da nessuna parte.
Le farfalle Aurora, quelle che tanto avevano fatto le prepotenti con Brucozzolo, si erano date una calmata, probabilmente per paura di ricevere un'altra lezione e adesso tutte le volte che li incontravano chinavano il capo e salutavano rispettosamente: «Buongiorno signor Brucozzolo, buongiorno signorina Vanessa.»
Una delle cose più belle del diventare piccolini era che tutto il mondo sembrava più intenso. Il verde delle foglie era più brillante, l'odore della terra più pungente ma soprattutto si poteva ascoltare un concerto di suoni che normalmente non erano a portata d'orecchio.
Le coccinelle ad esempio cantavano tutto il giorno delle canzonette piuttosto ritmate, il fruscio delle ali delle vespe assomigliava ad una chitarra rock e i fili d'erba quando sfregavano tra loro mossi dal vento sembravano fisarmoniche scatenate.

«Sali lassù» disse Brucozzolo a Vanessa in un giorno particolarmente luminoso, e le indicò un ramo d'uva orsina bello alto. Vanessa obbedì e si tirò su piano piano fino alla cima del piccolo arbusto. Quando riuscì a raggiungere la sommità si mise seduta su una bella bacca rossa che sporgeva sopra le zolle circostanti.
C'era un venticello vivace che accarezzava i rami degli alberi lì vicino, e portava con sé il dolce suono delle foglie che applaudivano alla natura.

«Apri il naso» disse Brucozzolo, dopo qualche secondo.
Ancora una volta Vanessa obbedì e i suoi sensi furono invasi dalla fragranza di mille fiori: le piccole camomille, la timida malva e le rose canine stavano festeggiando la primavera profumando il vento con le loro essenze.

«Apri gli occhi» suggerì Brucozzolo, e Vanessa guardò.
Il giardino era pieno di farfalle colorate. Maggio era un ottimo mese per loro, non troppo caldo e non troppo freddo, e pieno di boccioli da cui nutrirsi. Le limoncelle, i macaoni, le egerie e le vanesse del cardo si rincorrevano colorate e ogni tanto si fermavano sopra un fiore. Poi tiravano fuori

una lunga cannuccia, simile ad un piffero, e si mettevano a suonarla come un vero strumento musicale.
Ogni tanto si fermavano, la immergevano dentro un fiore e ciucciavano di gran gusto il dolce contenuto; poi facevano un ruttino e riprendevano a suonare.

«Apri le orecchie» ordinò Brucozzolo dal basso.
Vanessa obbedì ed ascoltò i rametti dei cespugli scricchiolare tra loro e gli steli del biancospino attorno bisbigliare come pettegoli chissà quali grandi segreti. Un calabrone su di giri ronzava a ritmo di samba, poco lontano.
E infine poté sentire quello che le farfalle, accompagnate dal suono della loro cannuccia, stavano cantando.

Samba della Spirotromba

Pepperepè Pepperepè
Vuoi sapere cosa c'è?
C'è che ho un vuoto nella pancia
che è più grande della Francia.

Per mangiare a sazietà
Non mi serve il baccalà.
La cannuccia qui con me
non fa soltanto pepperepè.

Il suo nome è spirotromba
il suo suono, senti?, rimbomba!
La metto dentro a una corolla
e con quel nettare lei mi satolla.

Dammi il polline di un fiore
e sarò felice per sei ore.
Poi di nuovo non so perché
Suonerò pepperepé.

«Apri la bocca» ordinò infine Brucozzolo e anche stavolta Vanessa obbedì fiduciosa. Spalancò la bocca contro la brezza che subito le riempì le guance come fossero state due piccole vele. Il vento era carico di polline e bastarono pochi secondi a bocca aperta controvento per sentire il sapore del miele sulla punta della lingua e sul palato.
«Che bel modo di fare merenda! È ancor meglio di una fetta di pane col miele.»
Vanessa era piuttosto meravigliata nello scoprire che il vento portava con sé i sapori, oltre che gli odori. «Chissà perché quando ero grande non me ne ero mai accorta?»
«Ai grandi riesce difficile notare le cose piccole» osservò Brucozzolo. «Per questo sono sempre arrabbiati.»

Vanessa non ebbe modo di rispondere perché proprio in quel momento si alzò una folata più arrogante ed un'enorme foglia di alloro la spazzò via, a tre metri di altezza. La bimba si aggrappò al picciolo, terrorizzata di precipitare, ma il refolo non la mollò e anzi la tirò via veloce, diretto senza ombra di incertezza verso il limitar del bosco.
«Brucozzolo, aiutami! Salta sul brucaliante ed acchiappami» ordinò Vanessa mentre il vento la sbatacchiava dappertutto.
Ma Brucozzolo non poteva aiutarla, perché il brucaliante lo avevano parcheggiato dall'altra parte del cespuglio di uva orsina, e la rapidità negli spostamenti non era proprio il suo forte.
Crick crack, crick crack faceva il suo corpo verde mentre si dirigeva verso il veicolo, piegandosi e stendendosi ad ogni passaggio con esasperante lentezza. Vanessa intanto, attaccata alla sua foglia, finì chissà dove da qualche parte in fondo al giardino.
Per sua fortuna era atterrata su un cespuglio di ruchetta abbastanza morbido, e così cadendo non si era fatta troppo male.
Tutta intontita si tirò su e si accorse di trovarsi nella parte del prato, quella a ridosso del bosco, che non aveva ancora esplorato. Anche qui la musica del vento allietava l'aria e

un bel cespuglio di mirtillo scandiva la melodia con i suoi stecchi, come fossero stati le bacchette della batteria.
Attaccato su uno dei rametti più bassi c'era quello che a prima vista sembrava un piccolo involtino bianco. Quando, di tanto in tanto, la luce del sole filtrava tra le foglie del mirtillo e lo colpiva, le fiancate dello strano involucro splendevano come gioielli.
Cos'era?
Vanessa si avvicinò per veder meglio e si accorse che in realtà, a guardarlo da pochi centimetri, lo strano garbuglio non assomigliava sul serio ad un involtino quanto piuttosto ad un piccolo gomitolo di filo bianco. Era davvero liscio e morbido, tanto che la bambina non riuscì a trattenersi ed allungò un dito per toccarlo, ma appena lo accarezzò l'involucro prese ad agitarsi tutto.
«Oddio» gridò Vanessa, tornando a nascondersi dietro al suo cespuglio di ruchetta.
Il fagottino si dimenò come un ballerino di hip pop; al culmine delle sue acrobazie, un piccola zampetta squarciò la punta del rivestimento ed un musetto sorridente fece capolino.
Finalmente Vanessa capì: quello era un bozzolo e lei stava assistendo al momento speciale in cui la farfalla usciva fuori e spiccava il volo. Certo, aveva già imparato molte cose a riguardo dai libri e dalla Canzone del Bruco che Brucozzolo le aveva cantato parecchie volte. Ma vederlo di persona era tutt'altra cosa.
Piano piano, facendo forza con le zampette, la neonata

riuscì ad issarsi fuori dalla sua prigione di filo e quando fu libera diede una scrollata alle sue nuove ali per dispiegarle in tutto il loro splendore.

Quella era la farfalla più bella che Vanessa avesse mai visto. Le sue ali erano qualcosa di impressionante: ampie, di un bel blu scuro, punteggiate di bianco e di viola, racchiudevano nello spazio di un petalo la perfezione di cento quadri.

La piccola però non si decise a spalancare quelle sue meravigliose ali per alzarsi in volo, anzi prese a guardare incuriosita da ogni parte. Di quando in quando annusava il terreno con un'espressione concentrata.

«Ma che fai? Perché non voli via?» chiese Vanessa dopo qualche minuto, senza riuscire a spiegarsi quello strano comportamento.

La farfalla alzò il musetto di scatto e posò i suoi occhi vivaci su di lei, poi sì che aprì le ali e, in due falcate, le fu subito addosso con un'energia tale da buttarla a terra.

«Baubaubaubaubaubaubau» faceva la bestiola sopra di lei intanto che le leccava il viso e saltellava entusiasta sul suo petto.

«Ma… le farfalle non fanno bau» esclamò Vanessa esterrefatta.
«Quella è un Silvano Azzurro» le spiegò Brucozzolo, che stava planando lì vicino con il brucaliante, come se con quelle parole si spiegasse tutto.
Vanessa intanto si era alzata in piedi, ma non riusciva a capirci granché perché quella pazzerella continuava a girarle attorno ansimante, con la lingua di fuori e scodinzolante. Non è che scodinzolasse sul serio, perché le farfalle non hanno la coda, ma agitava le sue antenne allegramente, proprio come se stesse scodinzolando, anzi pardon!, antennando!
«Che vuoi dire, Brucozzolo? Io non capisco. Questa farfalla si comporta come un cane!»
Nel tentativo di farla stare buona, Vanessa raccolse un ago di pino dal terreno e lo ondeggiò di fronte al musetto della minuscola peste. Quella drizzò il capo e spalancò gli occhi, evidentemente eccitatissima.
«Vai bella, vai! Riporta il bastoncino» disse Vanessa tirandolo quanto più lontano poteva, così da liberarsi di quella strampalata almeno per pochi istanti.
«I Silvani Azzurri sono tutte un po' matte» le spiegò allora Brucozzolo. «Non ce n'è una che quando viene fuori dal bozzolo sia consapevole di essere una farfalla. C'è chi è convinta di essere una tigre, chi un elefante, chi un serpente a sonagli. Pensa che qualcuna di loro nasce con la fissazione di essere una lucertola e passa la vita a cercare di mangiare le farfalle come lei. Poi, se le capita di vede-

re una lucertola vera le corre incontro tutta contenta, nel tentativo di fare amicizia, e zacchete! Finisce pappata. A questa qui è andata abbastanza bene: evidentemente pensa di essere un cane.»
A quel punto la piccola stravagante tornò da Vanessa con l'ago di pino in bocca, festosa e le antennine che giravano da tutte le parti.
«E non è tutto» constatò il bruco. «Mi sa che è anche convinta che tu sia la sua padroncina!»
«Che cosa? No, non si può proprio fare» strillò Vanessa esterrefatta. Poi si girò verso il cagnolino… cioè verso la farfalla e prese a darle delle pacche sulla testa: «Mi dispiace, piccolo Silvano, ma la mia mamma non mi permetterà mai e poi mai di tenere un cane. Gliel'ho chiesto un sacco di volte e mi ha sempre risposto di no.»
A quelle parole le antenne del poveretto si afflosciarono (Vanessa lo aveva chiamato Silvano, quindi doveva trattarsi di un farfa-cagnetto maschio), i suoi occhi si fecero grandi e umidi, e due piccolissime lacrime gli rigarono il muso.
«Caiiiiii! Caiiiiiiii» gemette.
«No, dai. Silvano, Silvanuccio bello. Non piangere così.»
Ma Silvano era inconsolabile. Prese ad uggiolare senza ritegno e Vanessa non sapeva più cosa fare per tranquillizzarlo. Disperata raccolse una manciata di fiorellini gialli dal cespuglio lì vicino. «Ecco, tieni! Vuoi un pochina di ruchetta selvatica? È buona!»
«Bleahhhh!» fu la risposta disgustata di Silvano che ormai sembrava un ammasso di disperazione.

«Ai Silvani Azzurri piace solo il caprifoglio» spiegò Bruzzolo. «Non vogliono mangiare niente di diverso. Tutto il resto gli fa schifo.»

«Allora andiamo a cercargli del caprifoglio, dai! Così magari si consola.»

«Lui non vuole mangiare. Lui vuole che tu lo prenda con te. È convinto di essere un cane, ed un cane ama il suo padrone con tutto il cuore e per tutta la vita.»

«Ma io lo conosco solo da cinque minuti!» protestò Vanessa.

«Che è esattamente il tempo trascorso da che è nato. Tu sei la prima cosa che ha visto e ha deciso che ti appartiene. Se adesso gli volti le spalle, gli spezzerai il cuore.»

Vanessa rimase in un silenzio mortificato, a riflettere. La musica del bosco era terminata e adesso per la campagna si potevano sentire solo i singhiozzi di Silvano, che piangeva senza tregua.

«Cai, cai, cai.»

«Oh, va bene!» si arrese infine Vanessa. «Falla finita! Sarai il mio cane!»

A quelle parole ogni traccia di disperazione si dissolse e Silvano riprese a svolazzare felice, abbaiando allegramente.

«Non sarà facile spiegarlo alla mamma e alla nonna» brontolò Vanessa, avviandosi a casa.

Quando l'effetto delle CARamelle REStringenti si esaurì e Vanessa tornò della dimensione di una bambina normale, la sua trasformazione non intimidì Silvano; anzi, il piccolo farfa-cagnolino sembrò divertirsi un mondo a volteggiare attorno alla testa della bambina e inoltre, nel percorso dal bosco a casa, si dimostrò molto intelligente e disponibile a venire ammaestrato. Quando Vanessa voleva farlo stare buono le bastava stendere il dito indice di fronte il musetto e dire: «Silvano, a cuccia!» e immediatamente Silvano si sedeva sul dito, con la schiena dritta e le ali in bella mostra. A casa, contro ogni previsione, tutti si affezionarono subito a lui.

«Una farfalla ammaestrata non l'avevo mai vista. E sì che non sono nato ieri» esclamò il nonno, subito spalleggiato dalla nonna: «Una cosa incredibile! Ma guardate! Questa farfalla si comporta come un cucciolo!»

«Potremmo farla diventare la mascotte della nostra riserva naturalistica» propose la mamma.

Il babbo non disse nulla, ma in meno di dieci minuti allestì una piccola cuccia usando un vecchio bicchierino da sambuca, e la nonna confezionò all'uncinetto una bella copertina per la sera, perché faceva ancora un po' fresco.

Ben presto Silvano divenne l'idolo di tutti, e fu accolto come un membro ufficiale della famiglia.

Scoprirono anche che era piuttosto protettivo nei confronti della sua padroncina, tanto che se qualcuno provava a comportarsi male con Vanessa lui scattava all'attacco, abbaiando e digrignando i minuscoli dentini. A volte addi-

rittura mordeva chi avesse osato farlo arrabbiare troppo.
«Speriamo che non ci tocchi mettergli la museruola» si preoccupava ogni tanto la nonna, e allora il babbo per farla stare tranquilla si decise di attaccare fuori dal cancello di casa un cartello di avviso per gli estranei.
C'era scritto: "Attenti al farfa-cane".
Non tutti ne capivano il senso, ovviamente. Ma almeno erano stati avvisati.

Farfalla del mese di maggio

Silvano Azzurro

Se vuoi scoprire come è fatto il farfa-cane, cioè il Silvano Azzurro, colora la figura seguendo i colori. Mi raccomando: colora con delicatezza. Se si innervosisce potrebbe mordere anche te!

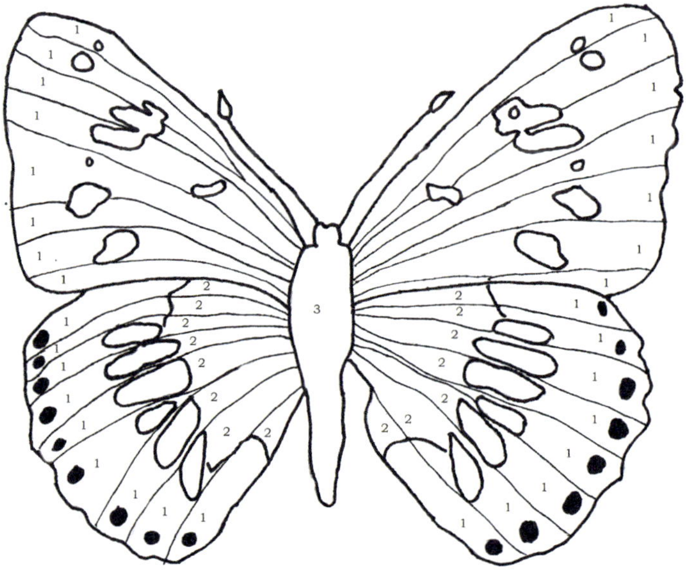

1= azzurro
2= blu
3= nero

Favola di giugno

L’acqua odorosa

«Ah, povero me. Che farò adesso?»
Qualcuno piangeva tra le aiuole del giardino.
Vanessa e Brucozzolo stavano volando con il brucaliante compiendo grandi cerchi per tutta la riserva senza riuscire a vedere chi fosse il malcapitato che tanto si lamentava.
Era una bella mattinata di inizio estate e i campi erano un tripudio di fiori bianchi e gialli, che però non riuscivano a rallegrare nessuno per colpa di quel pianto accorato.
Chi mai poteva essere?
«Viene da laggiù» disse Vanessa indicando con la mano un punto poco distante. Subito Brucozzolo, ormai pilota provetto, tirò una cordicella e il brucaliante si inclinò prontamente virando da quella parte. Silvano li seguiva a ruota, con un sorriso beato e la lingua di fuori.
A gemere e gridare era una farfalla gialla come i fiori del campo, striata di nero, che se ne stava raggomitolata mogia mogia sotto ad una foglia.

«È tutto finito per me» si lamentava.«Non c'è più speranza! Arvis il Macaone vi dice addio per sempre!»
«Ma perché mai?» domandò Vanessa.
«Perché le mie ali sono appiccicate!!!» singhiozzò la farfalla. «Non posso più volare. Come farò a cavarmela? Sono destinato a morte certa!»
In effetti le sue ali erano chiuse, proprio come le pagine di un libro che non si ha voglia di leggere.
Con estrema delicatezza Vanessa ne afferrò un lembo con la mano destra e l'altro con la sinistra, poi aprì cercando di fare pianissimo.
Le ali della farfalla erano delicate e sottili come carta velina, e quando si schiusero sotto le sue dita emisero un rumore preoccupante, simile a qualcosa che viene strappato. Non avevano un bell'aspetto. Oltre ad essere accartocciate, erano anche ricoperte da una strana sostanza viscida.
«Che roba è?» domandò Brucozzolo, toccandola appena e

pentendosene subito. Quell'intruglio puzzava da fare schifo.
«Non lo so. Me l'ha spruzzata addosso l'uomo che vive in quella casa» rispose Arvis il Macaone, puntando la zampa contro una casetta bianca.
«Accidenti, lì ci abita quel vecchio piantagrane del signor Vercingetorige» esclamò Vanessa.

Il signor Vercingetorige era il vicino di casa del Giardino delle Farfalle. Viveva in una vecchia villetta che confinava con la recinzione della proprietà, ed era un rompiscatole di prima categoria.
Almeno tre volte a settimana veniva a lamentarsi con i genitori di Vanessa per i motivi più sconclusionati.

I vostri ciclamini sono troppo colorati e mi danno fastidio agli occhi!

Le api del vostro alveare vengono a succhiare il polline delle mie begonie.

Gli uccellini dei vostri alberi iniziano a cinguettare troppo presto e non mi fanno dormire bene.

Insomma il signor Vercingetorige era un uomo burbero, petulante e meschino. E come se tutto questo non fosse

sufficiente a renderlo una persona estremamente sgradevole, si deve aggiungere che puzzava tantissimo.

Per qualche strana ragione il suo senso dell'olfatto era guasto, e così quello che per una persona normale era un profumo squisito, al suo grosso nasone paonazzo appariva invece come un tanfo insopportabile. E al contrario, apprezzava come essenze celestiali gli odori più nauseabondi. Ad esempio, tutte le mattine il signor Vercingetorige si faceva la barba e, per sentirsi in ordine e a posto, si spruzzava sul viso una bella nuvola di dopobarba. Ma i dopobar ba che usava lui invece che avere nomi normali tipo "Pino di Montagna" o "Muschio Bianco", si chiamavano "Pesce Putrido", "Fagiolata ai Broccoli" oppure "Fogna Intasata", o mille altre cose disgustose che è meglio evitare di nominare, perché solo il pensiero farebbe sentire male.

«Ma come sei finito da quelle parti? Non ti sei accorto della puzza tremenda che aleggia attorno a casa sua?»

«Non mi sono accorto di nulla perché stamattina mi sono svegliato che avevo un po' di raffreddore» spiegò Arvis il Macaone prima di riprendere il suo racconto. «Stavo volando tranquillo per i fatti miei quando il signor Vercingetorige è uscito fuori, sul balcone, e ha preso a farsi la barba con una bacinella. Poi quel… quel puzzone si è spruzzato in faccia la cosa più ripugnante che io abbia mai odorato, e mi ha colpito.»

Vanessa si chinò sulle ali di Arvis e diede un'annusata: «Direi che ti è toccata l'essenza "Vomito di Gatto".»

«La mia sorte è segnata. Morirò entro domani.»

«No, non dire così. Ti riprenderai appena la puzza di vomito si sarà dissolta.»

«Non è solo un problema di puzza» sospirò Arvis. «Il guaio è che il dopobarba mi ha bruciato le scaglie, e senza le scaglie una farfalla è destinata al massacro!»

Brucozzolo non capiva bene di cosa stessero parlando: «Scaglie? Che cosa sono?»

Vanessa, che sapeva tante cose sulle farfalle, rispose prontamente: «Le ali delle farfalle sono ricoperte di piccole scaglie colorate che messe tutte assieme formano il disegno sulla loro schiena.»

«Ah! Ma oltre a questo le nostre scaglie sono indispensabili per volare» aggiunse Arvis disperato. «Nessuno ti ha mai detto che le ali delle farfalle non vanno neanche sfiorate? E adesso che le mie sono ammorbate dal Vomito di Gatto sono rovinato per sempre.»

Mentre Vanessa e Brucozzolo lo guardavano sconsolati, Arvis si accucciò e riprese a piangere tristemente.

Le sue paure erano reali: se il povero Macaone non avesse ripreso a volare, e presto per giunta, qualche lucertola più prima che poi l'avrebbe trasformato in un croccante antipastino. E con quella puzza di vomito, poi, non sarebbe stato difficile scovarlo.

Vanessa avrebbe davvero voluto fare qualcosa per aiutare il poveretto, ma non aveva idee. Sarebbe bastato lavare via quella sostanza schifosa con un po' d'acqua e sapone di Marsiglia, ma le ali di Arvis erano così fragili e rovinate, che anche una piccola goccia di rugiada avrebbe potuto

disintegrarle. No, ci voleva una soluzione migliore.
Proprio in quel momento il suo sguardo cadde giù, lontano, in fondo al prato. La nonna stava appendendo nel piazzale antistante la casa lunghe file di lampade colorate, per rendere più allegra la festa che si avvicinava.
Già, la festa.
«Oggi è il 23 giugno» disse la bambina tra sé e sé. «É la notte di San Giovanni!»

Brucozzolo, Silvano e Arvis la guardarono sconcertati. Certo, gli insetti non potevano conoscere quella usanza, ma lei che la festeggiava da sempre assieme ai suoi parenti ne sapeva abbastanza.
Ogni anno in quella data tutti i paesi dei dintorni festeggiavano il solstizio d'estate, ovvero il giorno più lungo dell'anno. Era un modo popolare per celebrare la vita, il sole, la luce e i nuovi inizi.
Ma soprattutto era il momento in cui si preparava l'Acqua Odorosa.
«Stanotte tutte le donne del paese prepareranno l'Acqua Odorosa, una ricetta magica che risale ai tempi dei nostri antenati» spiegò Vanessa agli altri. «Stanotte San Giovanni benedirà tutte le bacinelle e i secchi che troverà sul suo cammino, e così domani mattina quell'acqua avrà il potere di guarire qualsiasi acciacco.»

«E allora?» domandò Brucozzolo.
«E allora noialtri stanotte andremo a procurarci l'Acqua Odorosa, e la porteremo ad Arvis. Con quella le sue ali torneranno più belle di prima!»
«Evviva!» esclamarono in coro Brucozzolo e Arvis, intanto che Silvano faceva mille capriole in aria.

Ricetta per l'Acqua Odorosa

La sera del 23 giugno riempite un catino con dell'acqua pulita, meglio se di fonte.

Metteteci dentro, a bagno, le seguenti erbe:

Foglie di noce
Foglie di alloro
Lavanda
Gerani
Menta
Mentuccia
Petali di rosa
Fiori di ginestra
Iperico
Fiordalisi
Fiori di Eli Criso
Erba di San Pietro

Lasciate il catino fuori dalla finestra per tutta la notte e NON affacciatevi per sbirciare San Giovanni che passa a dare la sua benedizione.
La mattina del 24 usate l'Acqua Odorosa per lavarvi.

Se anche non dovesse riuscire a tenere lontani i malanni, profumerete in maniera irresistibile. Vanessa decise di agire di sera, approfittando del fatto che la sua famiglia sarebbe andata alla festa del paese e nessuno quindi avrebbe badato a lei.

Fece finta di andare a dormire presto, appena terminata la cena, ma in realtà sgattaiolò in giardino senza farsi accorgere da nessuno. Insieme a Brucozzolo e Silvano tenne compagnia ad Arvis finché non fece buio e tutti assieme poi rimasero a guardare in silenzio le piccole stelle che si accendevano nel cielo intanto che gli abitanti del giardino si univano nel canto della

Ninna Nanna dell'Insetto

Ninna Nanna dell'insetto,
tutti quanti dentro al letto!

Dorme l'ape nell'alveare.
Senti?
Questo è il suo russare.

Alla libellula e ai ranocchi
si stanno già chiudendo gli occhi.

C'è un sogno, sul castagno,
nella testa di quel ragno

e nel sonno la sua tela
è una nave con la vela.

Sogna anche il moscerino:
diverrà uno spadaccino,

e la cicala canterina
sarà stanotte la sua regina.

Si riposa la lumaca
dondolando su un' amaca

e la formica non più si affanna,
china il capo e fa la nanna.

La Ninna Nanna dell'Insetto era molto dolce e melodiosa, e talmente soave che presto tutti e tre i nostri eroi si addormentarono.
Quando Vanessa si risvegliò era ritornata delle sue solite dimensioni, quindi doveva essere passato parecchio tempo.

«Presto, andiamo!» ordinò ai suoi amici dopo essersi rimpicciolita di nuovo.
Il catino dove la mamma aveva messo a macerare l'Acqua Odorosa aspettava nel silenzio della notte, traboccante di erbe e fiori. A giudicare dal meraviglioso profumo che si sentiva tutto attorno, la pozione doveva essere ormai pronta.
Vanessa scese dal brucaliante e riempì un fiordaliso con l'acqua magica.
«Bene, adesso non ci resta che tornare indietro e salvare Arvis.»

A metà strada passarono per il cortile dove la nonna di giorno aveva appeso le lampade colorate.
A Vanessa sembravano bellissime, con quella loro luce calda e confortevole e si incantò nel guardarle per qualche istante, finché un sibilo non la distrasse e qualcosa di rapido e indistinto andò a scapicollarsi contro la lucerna.
La botta che fece fu colossale, tanto che precipitò a terra con un tonfo.
«Oddio!» esclamò Vanessa andandogli incontro.
Era un'enorme falena scura, dalle ali gigantesche decorate da elaborati disegni. Si reggeva la testa tra le mani e mormorava «Ahiahiahi.»
«Stai bene?» chiese Vanessa, facendosi vicina. «Come ti salta in mente di buttarti contro una lampada in quel modo?»

La falena rabbrividì. Le si stava formando un gigantesco bernoccolo in mezzo alla fronte e scuoteva il capo avanti e indietro. «Quella non è una lampada.»

«Ah no? E che cos'è allora?»

La falena alzò la testa verso il vetro smerigliato. Aveva gli occhi di fuori. Si sollevò e gridò: «Quella è la mia intelligenzaaaa!»

Poi si tuffò di nuovo a capofitto verso il lume e stunk! Ci andò di nuovo a sbattere.

Stavolta per fortuna non cadde a terra, ma si riebbe mentre era ancora sospesa in volo. Diede una scrollatina alle antenne e di nuovo riprese a tuffarsi contro il vetro.

«La mia intelligenza!»

Stunk!

«La mia intelligenza!»

Stunk!

Vanessa non poteva rimanere a guardare oltre.

«Smettila subito! Finirai per spaccarti la zucca!»

«Lascia perdere, Vanessa» disse Brucozzolo sconsolato. «Quella è una Saturnia, una delle falene più stupide che esistano. A dirla tutta, le falene sono tutte della stessa pasta, ma le Saturnie sono le più incorreggibili.»

«Che vuoi dire?»

«Voglio dire che quelle pazze sono convinte che dentro le lampade sia nascosta la loro intelligenza perduta, e ogni volta che ne vedono una accesa ci si buttano contro. Finiscono tutte per morire con la testa rotta.»

«La mia intelligenzaaaaaa» gridò la Saturnia prima di fare

una capocciata così forte che di nuovo cadde a terra di fronte a loro. Sulla sua fronte adesso stavano crescendo cinque bernoccoli.
«Non possiamo lasciarla così» sospirò Vanessa e corse al brucaliante, dove aveva riposto il fiordaliso con l'Acqua Odorosa. Con le mani a coppa ne prese una generosa razione e la versò sopra ai brutti bozzi della falena che, miracolosamente, si restrinsero e scomparvero nel giro di pochi secondi, lasciandola addormentata e serena.
«Vanessa, hai sprecato l'Acqua Odorosa per un caso disperato. Lo sai che questa sprovveduta, quando si sveglierà, ricomincerà a gettarsi contro la luce proprio come poco fa?»
«Sì, lo capisco. Ma non potevo abbandonarla con quei brutti bernoccoli in testa. E poi non preoccuparti: il fiordaliso è ancora bello pieno, abbiamo Acqua Odorosa più che a sufficienza.»
Ciò di cui Vanessa non aveva tenuto conto, nel dire quelle parole, era che nel percorso da lì al nascondiglio della farfalla incontrarono altre otto Saturnie, tutte quante prese a sbattere la testa contro i lampioni.
E ad ognuna Vanessa curò i bernoccoli con l'Acqua Odorosa che, quando finalmente giunse dal povero Arvis Macaone, terminò.
Appena Vanessa se ne rese conto scoppiò in lacrime. Ormai era giorno, sicuramente sua nonna aveva già ritirato il catino e non c'era modo di procurarsene altra.
Arvis non aveva scampo senza quella magia.
«Mi dispiace, mi dispiace tanto» piangeva Vanessa, e tutti

scuotevano il capo sconsolati perché avevano fatto il possibile, ma non era bastato.

«Si vede che era destino. Grazie lo stesso per aver cercato di aiutarmi» sussurrò Arvis. Tutti erano disperati e perfino Silvano non smetteva di fare caìcaì.

Ma proprio mentre il Giardino delle Farfalle stava per trasformarsi in una valle di lacrime, da sopra le loro teste si alzò un urlo.

«Che cos'è questa schifezza?» gracchiò il signor Vercingetorige, che si era affacciato proprio quel minuto sul suo davanzale e sembrava fuori di sé.

Era uscito come tutte le mattine per farsi la barba, ma una volta fuori aveva trovato sul cornicione di casa qualcosa di estremamente indesiderato: un piccolo catino di Acqua Odorosa.

«Chi è stato a lasciare questa schifezza sul balcone di casa mia?» gridava il signor Vercingetorige.

Probabilmente era stata la nonna di Vanessa, nella speranza che il miracolo di San Giovanni riuscisse nell'impossibile, e cioè profumare perfino quel fetido sporcaccione.

«Ah, ma se lo scopro me la pagherà cara!» urlò il signor Vrcingetorige, gettando la bacinella fuori dal suo balcone.

Il contenitore fece un grande arco nel cielo e poi planò proprio sulla testa del povero Arvis, inondandolo da capo a piedi.

«Oh, no! Arvis» gridò Vanessa, spaventata.

«Aspetta, guarda» disse Brucozzolo indicando il Macaone.

Sotto quello scroscio di acqua benedetta le sue piccole ali

si spiegarono e ripresero colore, forza e bellezza. Nel giro di pochi minuti tornarono splendenti e rigogliose come fiori di dente di leone.
E mentre i nostri eroi, giù in basso, nascosti tra i fili d'erba, festeggiavano ed esultavano per il loro amico, il signor Vercingetorige prese a farsi la barba, anche lui di buon umore perché quel giorno avrebbe potuto sperimentare un nuovo dopobarba che aveva fatto arrivare apposta dall'Uruguay. "Estratto di Piede Sudato".
Non vedeva l'ora di provarlo.

Farfalla del mese di giugno

Macaone

Scopri come è fatto il povero Arvis! Colora la figura seguendo i numeri.

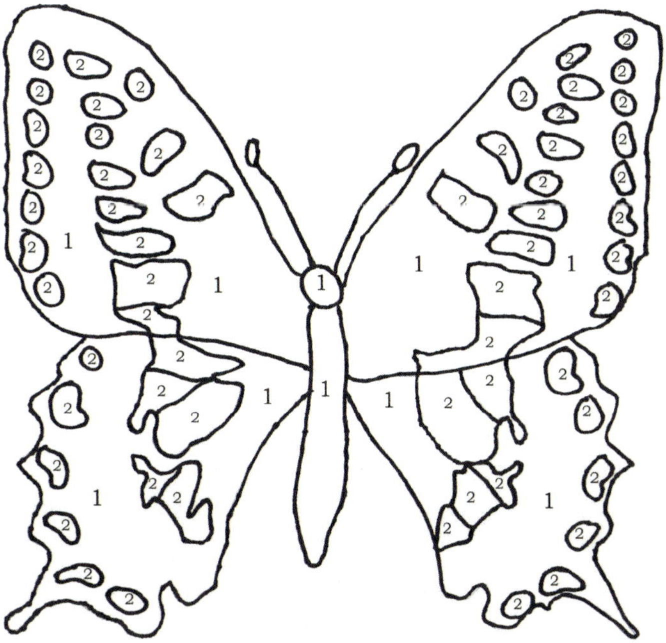

1= nero
2= giallo

Favola di luglio

Il taglialegna e i nontiscordardimé

A luglio il giardino era tutto una festa: le cicale cantavano a squarciagola, le api barcollavano nell'aria appesantite da tutto il miele che avevano nella pancia e le farfalle mai come adesso erano indaffarate a curiosare e spettegolare di questo e quello.

Il papà di Vanessa amava mettersi a sedere sotto i finestroni della serra per fumare un buon sigaro e guardare quello che succedeva in giro per il prato. Secondo lui anche la più piccola delle formiche era più interessante di tante trasmissioni televisive che davano in quel periodo.

«Non abbiamo mai avuto tante farfalle come quest'anno» commentò un giorno, soddisfatto. Vanessa era seduta poco più in là a leggere un giornalino, e alle parole di suo padre tirò su la testa con una certa soddisfazione. Lei, Brucozzolo e Silvano si erano dati parecchio da fare per aiutare i microscopici abitanti del giardino, e se adesso c'erano più farfalle del solito un pochino era anche merito suo.

«Peccato soltanto per la farfalla Apollo» borbottò il babbo, tornando a tirare una grande boccata del suo sigaro.

«Qual è la farfalla Apollo? Io non l'ho mai vista!»

«Non mi meraviglio affatto. La farfalla Apollo è la più rara che ci sia. È tutta bianca con tanti puntini neri, e in fondo alle sue ali ci sono due cerchi rossi che sembrano bacche. Ma è difficile da vedere. Vive solo sulla cima delle montagne, ed è quasi introvabile.»

«Come mai? È per colpa dei veleni nell'aria?» chiese Vanessa.

Tante farfalle stavano scomparendo per colpa dell'uomo.

Il papà fece un cenno di assenso, accompagnato da un verso di sconforto.

«Certo. Come per tante altre creature, la nostra scelleratezza è fatale. Ma in questo caso credo che alle farfalle Apollo piaccia vivere lassù, da sole. Conosco una leggenda, sai? Racconta di quello che capitò alla prima di loro. Ma è una leggenda molto triste, sei sicura di volerla ascoltare?»

«Ne vale la pena?» chiese Vanessa dubbiosa.

Il papà osservò il sigaro e se lo rigirò tra le dita. «Secondo me vale la pena di affrontare la tristezza se possiamo imparare qualcosa. E forse, in questa storia, qualcosa da imparare c'è.»

«Va bene, papà. Allora raccontamela.»

Apollo era un esiliato.

Le sue compagne l'avevano scacciato per sempre e adesso lui era condannato ad una vita di solitudine e pericoli.

Per tutto il giorno Apollo aveva pianto di paura e di rimor-

so, ma la sua colpa era stata molto grave, e si era meritato quella punizione.
Apollo infatti non aveva dato l'allarme quando lo sparviero si era tuffato sopra al prato, poco dopo l'alba, e per questa sua mancanza molti altri avevano pagato amare conseguenze.
Perché non l'aveva fatto?
Bisogna sapere che la sua esistenza era segnata da un grave difetto di cui nessuno aveva tenuto conto.
Tutte le mattine, al sorgere del sole, Apollo dimenticava quello che era capitato il giorno prima.
La sua piccola testa purtroppo aveva spazio per un solo giorno alla volta, quindi quando ne iniziava uno nuovo quello precedente veniva subito cancellato.

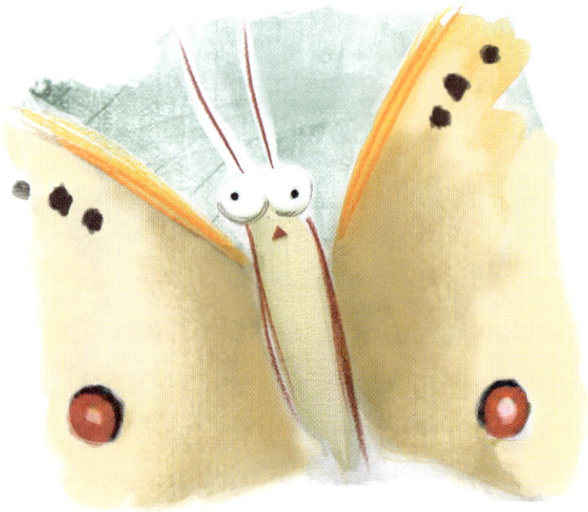

Per lui esisteva solo l'oggi.
Il grande sole che sorgeva all'orizzonte era come un'enor-

me gomma rossa che cancellava sempre, inesorabilmente, ogni ieri con tutto quello che c'era stato. Apollo riusciva a ricordare il suo nome, e ricordava di amare molto il sapore dei bianchi fiorellini di borracina, ma non ricordava che cosa avesse fatto di particolare il giorno prima: se avesse giocato a rincorrersi con le sue amiche, se avesse poltrito su una foglia, contando le nuvole e ascoltando gli stornelli dei moscon d'oro.

E il giorno prima, purtroppo, le sue compagne gli avevano affidato l'incarico di far la guardia contro lo sparviero.

Apollo, sottovalutando la sua scarsa memoria, aveva accettato.

All'alba lo sparviero era calato, ma Apollo aveva dimenticato di essere proprio lui quello incaricato di dare l'allarme. Si era nascosto sotto ad un ciuffo d'erba finché il pericolo non era passato e quando, molte ore dopo, le superstiti lo accusarono di tradimento, lui non ebbe la forza di difendersi. Troppo forte era il dispiacere ed il rimorso per il danno che aveva provocato.

«Ti sei nascosto piuttosto che dare l'allarme» gli avevano urlato contro tutti.

«Sei una farfalla ignobile e paurosa. Non ti vogliamo più qui. Solo la tua vista ci fa ribollire il sangue d'odio!»

Come condanna, Apollo fu esiliato sul Monte Codardo.

«Quello è il posto adatto a chi abbandona gli amici per paura.»

Il Monte Codardo era infatti un luogo terribile per chi non avesse un cuore coraggioso: pieno di insidie e di pericoli,

era completamente disabitato. Perfino i lupi, così feroci e indomabili, lo evitavano.
Apollo adesso saliva lungo il fianco della montagna, senza temere la solitudine che qui vi avrebbe trovato: in un luogo solitario non si può far danno, né tanto meno provocare sofferenza agli altri.
Inoltre Apollo sperava che presto fosse calata la sera, perché il nuovo giorno avrebbe cancellato i suoi ricordi, e allora lo sparviero e i suoi strilli striduli sarebbero spariti dalle sue orecchie.

Mentre si risposava su un arbusto, prima di riprendere il suo cammino, Apollo udì una voce.
«Ma guarda! È la prima volta in tanti anni che vedo qualcuno quassù, su questo monte solitario.»
Apollo si voltò e vide l'enorme faccione rosso di un taglialegna inginocchiato proprio sopra di lui. Il grosso naso gli

soffiava il fiato caldo sulle ali, e odorava di liquirizia.
«Sono un esiliato» mormorò triste Apollo.
Il taglialegna si tirò su, senza smettere di fissarlo. «Anche io lo sono. Ma non posso davvero immaginare cosa avrai mai fatto, tu che sei così piccolo. Qual è la tua accusa?»
«La vigliaccheria. Ho abbandonato i miei amici nel momento del bisogno» rispose Apollo. Poi facendosi coraggio chiese: «E qual è la tua?»
L'uomo lì accanto rimase in silenzio. Era molto grosso. Una barba nera e folta gli ricopriva il viso e il collo, le sue spalle sembravano colline. Gli mancava una gamba, e là dove avrebbe dovuto esserci il polpaccio c'era un perno di legno.

«Io sono un uomo cattivo» rispose infine il taglialegna. Poi fu come se la sua lingua si sciogliesse, probabilmente felice di poter parlare con qualcuno dopo tanto tempo: «Per questo gli altri umani mi hanno scacciato quassù, da molti anni ormai: perché sono un malvagio e per tutta la vita mi

sono comportato con egoismo, senza alcuna gentilezza o considerazione per gli altri. Sono condannato a rimanere per sempre da solo, sulle pendici del Monte Codardo, senz'altra compagnia che quella della mia accetta e degli alberi senza uccelli che ci sono qua intorno. Tu, mia piccola farfalla vigliacca, sei la prima creatura che vedo da tanto tempo. Vorresti venire al mio rifugio? Potremmo scambiare due parole, sarebbe bello dopo tutti questi anni di silenzio.»

Apollo accettò.

Non aveva paura di quell'uomo cattivo, perché si sentiva così triste che non gli importava molto di quello che poteva succedergli. Se anche il taglialegna lo avesse acchiappato con quelle sue mani grandi come macigni e lo avesse stritolato, giusto per divertirsi un po', a lui non sarebbe importato molto. Quindi lo seguì, senza aspettarsi nulla.

Ma il taglialegna non gli fece alcun male.

Lo condusse in una radura silenziosa circondata da abeti, con una fonte nel mezzo. Su un lato c'era montata una grande tenda di pelli. Di fronte alla tenda scoppiettava un bel fuoco, abilmente sistemato in mezzo ad una conca di pietre bianche, e sopra, appeso a cinque rami sistemati ad arte, un pentolino d'acqua bolliva con pigrizia. Di fronte c'era una vecchia sedia sgangherata.

Il taglialegna si accasciò sulla sedia e sbuffò: «Ah! Questa gamba non mi dà tregua. Me l'hanno tagliata da anni, e ancora mi fa male come quando era attaccata e mi tormentava con i suoi calli.»

«Perché te l'hanno tagliata?» chiese Apollo.
«Te l'ho già detto. Perché sono un uomo cattivo.»
Poi il taglialegna si preparò un buon tè, usando l'acqua calda del pentolino, e se lo versò in una tazza. Con molta delicatezza strappò un piccolo fiore azzurro che cresceva lì accanto, stillò una goccia di tè dentro la sua corolla, e la appoggiò accanto ad Apollo.
«Ecco, bevi un buon tè» disse, tirando enormi sorsate rumorose dalla sua tazza.
Apollo si avvicinò al fiorellino, annusò la strana bevanda e prese un sorsetto esitante.
Com'era buono quel tè. Caldo, confortante, dolce e profumato dell'azzurro dei petali di quel piccolo calice. Leccando come un cagnolino, Apollo se lo scolò tutto e se ne fece dare ancora.
«Resterai qui nel bosco?» domandò il taglialegna.
«Non lo so» rispose Apollo.
«A me non piace stare qui» continuò il taglialegna. «Se potessi mi sposterei. Vorrei salire sulla cima del monte. Ah la vetta! Quante volte l'ho sognata, sai piccolo? Mi piacerebbe poter arrivare sulla punta della montagna, e da lassù in alto guardare cosa c'è tutto attorno per il mondo. E soprattutto godermi il sole. Qua sotto, nei boschi, è sempre ombroso e il sole uno non può mai goderselo a pieno. D'inverno fa freddo, e d'estate è umido. Ma lassù in cima il mondo deve essere davvero bello.»
«E perché non ci vai?»
«La mia gamba! Ah. Maledetta gamba! Appena la salita

diventa un po' più ripida, questa gamba mi fa veder le stelle per il dolore.»
Apollo tornò a bere il suo tè, intanto che il taglialegna fissava in direzione delle vette, perso nel suo rammarico.
«Io potrei raccontarti com'è lassù» propose infine la piccola farfalla.
«Che intendi dire?»
«Ecco, io posso volare fino alla cima per vedere cosa c'è lassù, poi potrei tornare a raccontartelo. Ma dobbiamo sbrigarci perché poi domattina, quando il sole sorgerà, io avrò dimenticato tutto e non saprò più chi sei.»
«Come è possibile?»
«Io dimentico sempre tutto» mormorò Apollo. Poi senza perdere altro tempo partì a tutta velocità volteggiando verso la cima. Quando fu lassù vide il tramonto sopra le montagne, e i paesini giù per le valli che si tingevano d'arancione mentre pian piano le luci si accendevano nelle case lontane così che, col calar delle tenebre, la terra assomigliò sempre di più al cielo stellato che gli appariva sopra.
Ormai stanco per la lunghissima giornata Apollo tornò nel bosco e raccontò al taglialegna, prima che questi si addormentasse, la magnificenza dello spettacolo a cui aveva assistito. Il taglialegna quella notte si addormentò con l'ombra di un sorriso sul suo volto ispido e rugoso.
La mattina dopo, al risveglio, Apollo non ricordava nulla di quanto accaduto il giorno prima, ma accanto a sé trovò un fiorellino azzurro a forma di calice, colmo di buon tè profumato. Mentre lo mandava giù qualcuno disse:

«Vedrai che questo ti farà passare ogni malanno.»
Ed infatti, mentre la buona bevanda gli riempiva il pancino, Apollo a poco a poco ricordava le cose accadute il giorno prima.
«Mi ricordo di te» disse con stupore. «Ma come hai fatto?»
«E chi lo sa? Forse sarà la bontà del mio té» ipotizzò il taglialegna. «O forse sono questi fiori; in fondo il loro nome è nontiscordardimé.»

Apollo non rispose. Adesso ricordava anche di aver già visto i nontiscordardimé in passato, ed era piuttosto sicuro che nel suo vecchio prato ce ne fossero, e forse addirittura un paio di volte ne aveva anche assaggiato il polline senza però che quelli avessero mai sortito alcun effetto benefico alla sua memoria.
In ogni caso, tanta fu la sua gratitudine per quello sprazzo di memoria, che anche quel giorno si offrì di andare a guardare sulle vette per raccontarlo al vecchio taglialegna.
E così, come il giorno prima, salì sulla cima.

Stavolta Apollo vide l'azzurro irripetibile di un cielo di montagna, e il chiarore inconsistente delle nuvole che sembrano bianche senza mai esserlo davvero. Quella sera tornò dal taglialegna e gli raccontò tutto. L'uomo durante la giornata aveva vagato per il bosco e aveva raccolto dei fiori perché la farfalla potesse nutrirsi, e gli aveva costruito un piccolo letto con del legno che lui stesso aveva intagliato. E, ovviamente, gli aveva preparato un tè servito dentro al nontiscordardimé.

Senza capirne il perché e il percome quella divenne un'abitudine: ogni mattina Apollo partiva ed andava alla vetta, ed ogni sera tornava giù dal taglialegna per raccontare tutto quello che aveva visto. L'uomo nel frattempo, durante la giornata, si dava da fare per rendere più confortevole la vita della farfalla con tanti piccoli regali. A volte, quando era ora di addormentarsi, suonava per Apollo servendosi di una vecchia ocarina che ancora teneva con sé da quando era giovane. Altre volte gli raccontava della sua vita e di tutte le cose che aveva fatto. Quelle belle, ma anche quelle brutte. Qualche volta ad Apollo sembrava di scorgere delle lacrime di rimorso tra le ciglia del taglialegna, ma chi poteva dirlo davvero?

La cosa che più lo stupefaceva era che tutte le mattine, quando si svegliava, Apollo beveva il tè e ricordava quello che era accaduto il giorno prima.

Passarono così molte settimane ed Apollo aveva quasi ritrovato la serenità perduta quando una sera, al calar del sole, accade una cosa terribile.

Dopo una giornata sulla cima del Monte Codardo come sempre tornò al focolare, ma stavolta trovò il taglialegna sdraiato a terra che si contorceva dal dolore.

Subito Apollo gli fu accanto: «Che ti succede?»

«Ah, farfallina mia. Ho mangiato per errore dei funghi velenosi, e adesso sto morendo.»

«No! Giammai, io non posso permetterlo. Non c'è un antidoto al veleno di questi funghi?»

«Sì, c'è. Ma prenderlo è un suicidio. La medicina si trova dentro la Grotta del Serpente.»

«Che nome pauroso che ha questo luogo! Ma per fortuna io non ho paura dei nomi.»

«No, non è un semplice nome. La chiamano Grotta del Serpente perché è custodita da un serpente mostruoso, grande come cinque uomini e affamato come dieci lupi. Non c'è nessuna possibilità di riuscita.»

«Ma io ci proverò lo stesso» gridò Apollo accorato, poi aprì le belle ali e si dileguò.

Volò e volò verso la vallata, cercando di essere rapida come il calabrone. Malediva le sue ali che sì, erano bellissime, ma lente. Apollo doveva riuscire nell'impresa prima del compiersi della nottata. Non sapeva infatti quanto tempo occorresse al veleno dei funghi per fare effetto, ma soprattutto non sapeva se avrebbe ricordato il taglialegna al sorgere del nuovo giorno.

Aveva paura di perdere di nuovo i suoi ricordi.

Purtroppo la notte passò e lui non era ancora nemmeno vicino alla Grotta del Serpente.

Il sole sorse e mentre lo vedeva sollevarsi sopra all'orizzonte, Apollo tremava di paura.

Ma quando la sfera celeste divenne abbastanza luminosa la farfalla si accorse che sì, aveva perso dei ricordi, ma non tutti. Non ricordava più il lettino di legno intagliato che il taglialegna aveva costruito per lui, e anche i suoi racconti accanto al focolare si erano dissolti. Ma ricordava di dover correre per salvare il suo amico, e tanto gli bastava.

Durante il secondo giorno del suo viaggio dimenticò la radura, il tè e la gamba di legno.

Ma ancora ricordava di avere un amico da salvare.

Quando raggiunse la Grotta del Serpente Apollo si sentì piccolo come non mai.

L'antro era enorme e buio.

Dentro c'era una creatura il cui respiro sembrava il gorgoglio dell'acqua marcia e la luce che filtrava dall'ingresso faceva splendere due occhi azzurri sottili e malvagi.

«Sciocco esserino ridicolo» sibilò il Serpente. «Sei venuto

qui per morire? Ci sono metodi meno dolorosi che entrare qui dentro.»
«Voglio l'antidoto per il veleno che sta uccidendo il mio amico» rispose Apollo.
«Sei temerario, piccino. Molti vengono qui a chiedermi la stessa cosa, ma per ottenerla devono vincere una sfida.»
«Che sfida?»
«Devono rispondere ad un indovinello. Se la risposta è esatta avrai quel che chiedi. Se sbagli, ti uccido.»
«Qual è l'indovinello?»

«Con la cannuccia o nella tazzina
nel bicchiere o mano a ciotolina,
lo puoi bere dappertutto,
è fatto di foglie e non di frutto.
Non è latte, non è caffè,
Sai tu dirmi che cos'è?»

Apollo si agitò spaventato. Non ci aveva capito niente. La grande spira del serpente si avviluppò dietro di lui, tappando l'ingresso della grotta e impedendogli così di uscire.
«Che cos'è?» ripetè il serpente, facendosi vicino.
Apollo chiuse gli occhi, aspettandosi la morte. Ma mentre li chiudeva vide lampeggiare l'azzurro nello sguardo affamato del serpente e per un attimo un altro azzurro apparve di fronte alla sua faccia. L'azzurro di un piccolo fiorellino, un fiorellino che qualcuno usava come tazza per metterci dentro un buon tè.

«Il té» gridò allora Apollo e il serpente saltò all'indietro, stupito.

«Come hai fatto ad indovinare?»

«Nell'indovinello dici che il tè si può bere dappertutto» rispose Apollo. «E anche io l'ho bevuto dentro un fiore, e non dentro ad una tazza.»

Il serpente, sconfitto, affidò ad Apollo un minuscolo sassolino.

«Mettilo sotto la lingua della persona malata, e questa guarirà da qualsiasi morbo o veleno.»

E di nuovo Apollo corse con tutte le sue forze, diretto di nuovo sul monte Codardo.

Quella mattina dimenticò che il taglialegna era un taglialegna, e la mattina dopo dimenticò anche che era suo amico. All'alba del terzo giorno troppo tempo era passato, e ormai Apollo non ricordava più perché stesse correndo verso il monte Codardo con tutta quella velocità. E perché reggeva tra le zampe un sassolino tanto pesante? Cosa ci faceva poi una farfalla con un sassolino?

Senza troppi rimpianti lo lasciò andare dentro un laghetto poco più in basso. Il sassolino magico cadde con un tonfo triste, allargando tanti cerchi attorno.

Apollo continuò il suo volo con sollievo. Quel sasso era

davvero un impiccio e trasportarlo per così tanto tempo lo aveva spossato.

Non sapeva più da dove veniva, e che cosa aveva fatto nei giorni passati, né cosa fare della sua vita, ma in quel momento non gli parve una brutta idea andare a vivere sulle vette delle montagne. Una voce nella sua testa, scherzosa e profumata di liquirizia, gli diceva che quello era un bel posto dove stare. Ma la strada per arrivarci era ancora lunga, e Apollo era davvero tanto stanco. Ecco allora che poco più in là decise di fermarsi.

C'era una radura silenziosa laggiù, circondata da abeti, con una fonte nel mezzo.

Tempo addietro in quella radura c'era stata anche una tenda, un fuoco ed una vecchia sedia sgangherata, ma ormai non c'era più nulla.

Anche se ci fossero stati, Apollo non li avrebbe riconosciuti. Ormai la sua memoria era scomparsa e con essa ogni immagine delle serate trascorse a bere il tè, a chiacchierare, a dormire nel lettino intagliato e a raccontare di vette e di tramonti.

Apollo non riusciva a ricordare niente, e quando vide una grande lapide grigia al centro della radura non provò alcuna emozione, né alcuna tristezza.

Con una curiosità tiepida svolazzò di fronte alla pietra fredda e lesse quello che chissà chi vi aveva scritto sopra:

"Qui giace un uomo cattivo."

La piccola farfalla rimase a lungo ferma.
I suoi occhietti vagarono di nuovo nella radura, sugli abeti, sulla fonte al centro. Apollo non riusciva ad andare via, restava a fissare quella tomba, ma non sapeva il perché.
Poi il vento si alzò e portò con sé un dolce profumo, un profumo già sentito. Di nuovo gli occhietti della farfalla cercarono la risposta che lei non sapeva darsi, finché si posarono su un cespuglio di fiorellini azzurri.
Erano piccoli e profumatissimi, e il loro calice assomigliava quasi ad una ciotola.
No, non una ciotola.
Una tazza per il tè.
Passarono molti minuti in cui Apollo semplicemente fissò la tomba. Poi afferrò uno stecco e piano piano, con molta pazienza, usò la terra nera e umida della fonte per cambiare l'iscrizione. Apollo volò avanti e indietro molte volte, dalla tomba alla pozza, e dalla pozza alla tomba. Ogni volta col bastoncino attingeva una piccola goccia di fango, ed ogni volta correggeva e scriveva. Gli ci vollero molte ore per terminare il suo lavoro, ma alla fine ci riuscì e quando volò via per sempre da quella radura, diretto verso le vette, sulla lapide ora si poteva leggere:

«Qui giace un uomo di cui mi ricordo.»

Farfalla del mese di luglio

Farfalla Apollo

Incontrare una Farfalla Apollo è un evento che non capita tutti i giorni. Se andate a fare una passeggiata in alta montagna e volete sapere come è fatta, per poterla riconoscere nel caso incrociasse il vostro cammino, allora colorate la figura seguendo i numeri, e lo scoprirete.

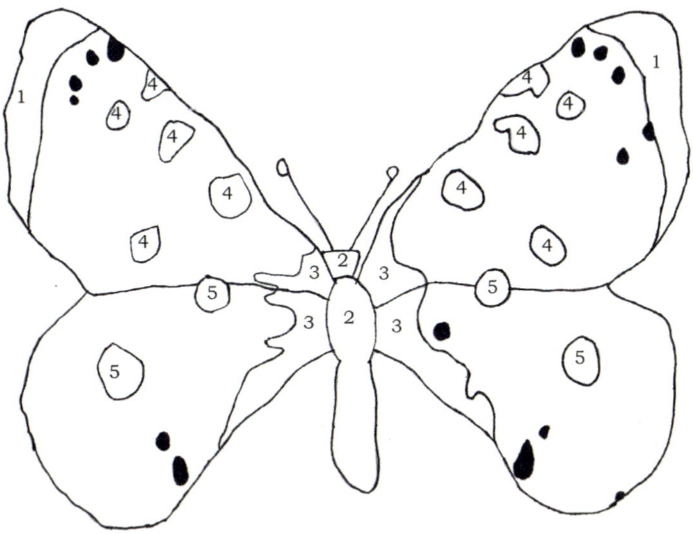

1= celeste
2= marrone
3= grigio
4= nero
5= rosso

Favola di agosto

La cena del ragno

Era una calda mattina d'agosto e Vanessa stava facendo una bella passeggiata per il prato assieme a Brucozzolo e Silvano.

Peccato per le formiche, che erano delle grandissime rompiscatole.

Non ci si poteva sedere un attimo a riposare che subito dal nulla ne comparivano due o tre, e far conversazione con loro era impossibile.

Sì, perché dovete sapere che le formiche conoscono solo due parole:

"cibo" che sta a significare appunto il cibo, e "inverno" che indica tutto quello che è brutto, noioso, disgustoso e doloroso. Insomma, tutto quello che non è cibo.

Anche con tutta la buona volontà dell'universo, non si può proprio chiacchierare con qualcuno che possiede solo due concetti.

«Cibo? Cibo?» domandò la prima formica della giornata, appena Vanessa e gli altri si fermarono a riprendere fiato.

Era sbucata fuori da sotto una foglia di erba viperina e subito si era avvicinata alle scarpe della bambina per annusarle.

«No, mi dispiace» rispose lei annoiata, facendosi aria con

il petalo di una margherita. «Il mio piede non è una cosa da mangiare.»

La formica allora, per niente rassegnata, cercò di mordicchiare l'orlo del suo grembiulino. Quel pomeriggio la nonna l'aveva messa a fare i compiti per le vacanze e lei non aveva fatto ancora in tempo a toglierselo.

«Ehi, lascia stare i miei vestiti! Questo me lo ha cucito la nonna, e non è cibo!» protestò Vanessa, e sottolineò il concetto dandole una botta in testa.

«Inverno!» si lamentò l'insetto, tutto oltraggiato.

«Ben gli sta» brontolò Brucozzolo, che intanto si sgranocchiava distrattamente una foglia di cicoria selvatica.

«Inverno! Inverno!» piagnucolava ancora la formica mentre con le antenne si massaggiava il testone.

«E mamma mia, quanto sei tragica» la rimproverò il bruco, sempre più infastidito.

Vanessa invece si sentì un po' in colpa e sperò di non aver procurato un bernoccolo all'importuna.

«Mi dispiace averti fatto male» sospirò, e nel tentativo di fare pace tirò su il musetto dell'animale per costringerlo a guardarla negli occhi. «Non vorrei prendervi sempre a pugni, ma voialtre formiche dovreste imparare ad essere meno insistenti. State sempre a chiedere cibo. Cibo, cibo, cibo, non parlate e non pensate ad altro. Fate scappare la pazienza a chi vi sta a sentire. Potreste sforzarvi ogni tanto di fare amicizia con gli altri? Magari scoprireste che è bello stare in compagnia senza chiedere per forza qualcosa in cambio. Per esempio, tu potresti diventar nostra amica.»

«Bau, bau» approvò Silvano, scorazzando in cerchio tutto contento.
«Potresti divertirti con Silvano, che ha sempre voglia di giocare» concesse Vanessa. «Come ti chiami, formichina?»
La formica rimase immobile a guardarla per alcuni secondi, poi rispose tutta speranzosa: «Silvano è cibo?»
Silvano schizzò indietro tutto offeso: «Wuf! Wuf! Wuf! Wuf! Wuf!»
«Ohhh, sei un caso disperato! No, Silvano non è cibo! Silvano è il mio cane, cioè, la mia farfalla! Cioè… il mio farfa-cane! Ah! Vattene via, stupida formicaccia!!»
E detto questo la scacciò con un gesto infastidito della mano.

La formica si era dileguata senza l'ombra di un pensiero, e dopo meno di un minuto tutti e tre già si stavano dimenticando di lei, quando sentirono un urlo straziante.
«Inverno!! Invernissimooooooo!»
Subito Vanessa, Brucozzolo e Silvano si precipitarono da quella parte e dovettero immobilizzarsi terrorizzati alla vista che li attendeva.
La povera formica era caduta in una grande ragnatela, e più si dimenava e più ci restava attorcigliata in mezzo.
«Oh, poveraccia, non ha scampo» commentò Brucozzolo

scuotendo la testa. «Quella è la tana di Argioppe. La formica è spacciata.»

Solo a sentire quel nome le zampette di Silvano presero a tremare, e il piccolo farfa-cane si accucciò tra i piedi della sua padroncina, con le antenne flosce e le ali rattrappite.

«E chi è Argioppe?» domandò Vanessa, per niente impressionata.

«È il terrore di tutto il giardino» spiegò Brucozzolo. «Un terribile e famelico ragno tigre!»

«Io so tutto sul ragno tigre» si illuminò Vanessa. «Ho visto un documentario in televisione, proprio ieri sera. Dicevano che il ragno tigre è un animale notturno e si ciba solo di notte, appunto, con le prede che durante il giorno sono cadute nella sua tela. Possiamo aiutare la formica, se ci diamo da fare. Adesso è giorno, quindi il ragno sta dormendo di sicuro.»

Brucozzolo e Silvano non sembravano molto convinti.

«Lasciamola stare, è meglio. Una formica in più o in meno che differenza vuoi che faccia?»

Vanessa si girò a guardare la formica che, poverina, era tutta invischiata e piagnucolava piena di paura.

«No! Questo non possiamo permetterlo. La tireremo fuori di lì.»

Vanessa si sporse piano piano, attenta a non toccare anche lei i fili della ragnatela, che erano molto luccicanti ma anche molto appiccicosi.

«Coraggio formichina, dammi la zampetta che ti tiro fuori» disse Vanessa, allungando la mano più che poteva.

Anche la bestiola si stirò in avanti con tutte le sue forze, nel tentativo disperato di liberarsi.

Ma proprio quando le loro dita stavano per sfiorarsi, qualcosa afferrò la formica per il didietro e la trascinò via lontana.

«Ah! Fermi ladroni! La mia cena non si tocca» urlò un vocione e quando alzò lo sguardo Vanessa vide la cosa più terrificante che le fosse mai capitata.

Il ragno tigre era tutto giallo e nero, con una pancia enorme, le zampe lunghe e due dentoni schifosi che sporgevano fuori dalla bocca.

«Ma la televisione diceva che tu sei un animale notturno!»

«Che vuol dire?» chiese il ragno.

«Vuol dire che stai sveglio di notte. Adesso è giorno, e tu dovresti dormire!»

«E allora cantami la ninna nanna! Ahahahah!»

E con queste parole il brutto ceffo appese la povera formica un po' più in là canticchiando un motivetto che faceva così:

Marcia del ragno

Sono il ragno, sono il ragno,
adesso arrivo e "*me te magno*"!
Col ruggito del leone
io ti pappo in un boccone.

Vuoi seguir la mia ricetta?
Acchiappa, acciacca,
squarta e affetta!

È molto meglio se stai zitta
tanto poi ti faccio fritta,
ma se piangi e ti disperi
mi diverto più di ieri.

La tua fine è ormai vicina,
ti riduco a una fettina,
ti condisco in insalata
col radicchio e la patata.

La mia pancia è tutta gialla,
mangerò la tua farfalla,
e il bruco lì con te
me lo ciuccio con il tè.

Guarda, io non scherzo mica,
a cena avrò questa formica
e se ti acchiappo, è presto detto,
ti terrò come dolcetto.

«Andiamo via» disse Brucozzolo tutto scosso. «Con Argioppe non si scherza, quello ci divora tutti sul serio!»
«Ma la formica morirà» protestò Vanessa, mentre Brucozzolo e Silvano la tiravano via.
«Non c'è niente da fare per lei. Se Argioppe ha deciso che vuole mangiarsela per cena niente e nessuno potrà fermarlo.»

Brucozzolo stava ancora parlando che una voce lo interruppe.
«Le mie soavi orecchie hanno udito qualcuno dire "niente e nessuno"?»
E dall'alto qualcosa oscurò per un attimo la luce del sole e planò vicino a loro.
«E tu chi saresti?» chiese Vanessa.
La farfalla fece un inchino e rispose: «Io sono Alabella, e siccome sono l'insetto migliore di tutto il giardino adesso risolverò la situazione.»
Brucozzolo acchiappò Vanessa per un braccio e la tirò un poco da parte per bisbigliarle di nascosto in un orecchio: «Per carità, teniamoci alla larga da questa tizia o saranno guai.»
«Perché?»

Brucozzolo sbuffò: «Ma non sai proprio niente di niente, tu! Quella Alabella lì è una farfalla Occhio di Pavone, e le farfalle Occhio di Pavone sono delle grandissime fanfarone. Se le dai spago finiremo tutti ammazzati. Le farfalle Occhio di Pavone sono completamente matte, te lo dico io!»

Vanessa non sembrava molto impressionata. «A me non sembra una grande novità, finora tutte le farfalle che ho conosciuto erano matte.»

«Sì, ma le Farfalle Pavone lo sono di più delle altre ...»

«Signore e signori, mi dispiace interrompere i vostri graziosi passatempi, ma dal momento che ho sentito qualcuno chiedere aiuto ed essendo io l'essere più potente di tutto il prato, vorrei sapere cosa accade.»

«Scusa, non ti offendere, ma a me non sembri poi così potente» obiettò Vanessa. A quelle parole la farfalla alzò la testa, piena di sdegno. «Ignorante di una bambina! Io sono davvero l'essere più terrificante di tutto il circondario.»

«Ah, vattene via, sciocchina» insistette Vanessa. «Già abbiamo un sacco di problemi qui, ci manca solo una farfalletta presuntuosa.»

«Sì, infatti» disse Brucozzolo. «Io ti conosco bene: tu sei una Farfalla Pavone e lo sanno tutti che le Farfalle Pavone hanno la testa piena di cacca di scarabeo. Siete dei palloni gonfiati, vi date sempre un sacco di arie e la vostra vanità vi rende insopportabili. State in continuazione a dire "io sono la più bella, io sono la più brava, io sono la più coraggiosa, io sono la più intelligente", ma non è mica vero.»

«Invece è vero» lo interruppe Alabella facendosi avanti verso Brucozzolo e sovrastandolo con la testa. «Tu parli così perché sei solo un piccolo bruco invidioso. Ma io sono sul serio la più bella, la più brava, la più coraggiosa e la più intelligente di tutti. Io, brutto mio, sono la numero uno.»

Brucozzolo allora, che non sopportava di venir sovrastato da qualcuno, si alzò sulle zampette posteriori, andando a finire lui sopra la testa di Alabella, così da guardarla dall'alto in basso.

«Allora, se sei davvero la numero uno come dici, perché non vai a salvare la nostra amica formica che è rimasta prigioniera nella ragnatela di Argioppe?»

A quella sfida Vanessa strillò con voce piena di paura: «No, non ci andare! È troppo pericoloso!»

Ma Alabella non sembrò apprezzare la sua preoccupazione, anzi le rispose con un tono piuttosto altezzoso: «Taci bambina, te l'ho già detto: io sono la numero uno, e questo per me sarà un gioco da pidocchietti. Dovete sapere che io ho un'arma infallibile. Assolutamente imbattibile. Mi faccio un baffo dei suoi denti pieni di bava perché quando avrò finito con lui se li sarà consumati a forza di batterli dalla paura.»

La farfalla era talmente piena di convinzione che Silvano aveva preso a zampettarle attorno fiducioso. Anche Vanessa cominciava a credere che forse, per la povera formica prigioniera, ci sarebbe stata una speranza.

«Eccellente, fantastico. Che arma hai? Un potentissimo veleno che riesci a sputare a distanza con la tua spirotromba?

Delle spine con cui riusciremo a tagliare la ragnatela? Un cugino muscoloso?»

«Molto meglio.»

«Allora cosa?»

«Le mie ali.»

E a quelle parole Alabella spalancò le sue ali e si gonfiò il petto tutta inorgoglita. Vanessa, Brucozzolo e Silvano si scambiarono uno sguardo perplesso. Non c'era nessuna arma nascosta nelle ali di Alabella, erano semplicemente delle ali bellissime, piene di cerchi colorati e di sfumature suggestive, ma niente che sembrasse in qualche modo utile per salvare la piccola formica.

«Vuoi sconfiggerlo con la bellezza?» domandò Brucozzolo, strappando una risatina lusingata alla farfalla, che però subito si riprese e assunse di nuovo la sua espressione determinata.

«Sciocco, guarda bene il disegno delle mie ali e capirai!»

Tutti e tre guardarono di nuovo: i grandi cerchi azzurri contornati di giallo erano veramente qualcosa di unico, simmetrici, luminosi, parevano fissarli quasi come se… come se…

«Sembrano degli occhi» osservò Vanessa e Alabella fece un cenno vittorioso con la zampa.

«Esatto! Questi sono i famosi Falsi Occhi, la più terribile arma di difesa che una farfalla possa avere!»

Al che, di fronte alle facce perplesse e inebetite del suo pubblico, la farfalla si profuse in una spiegazione accorata: «Quando qualche brutto ceffo si avvicina, noi Occhi di Pavone non dobbiamo fare altro che rimanercene zitte zitte, mezze nascoste tra le foglie, e spalancare più che possiamo le nostre ali. Il cattivo di turno finisce per scambiare il disegno sul nostro dorso per gli occhi di un gatto, o di un serpente, e se ne scappa a gambe levate.»

Vanessa attese con educazione che la spiegazione fosse terminata, prima di obiettare: «Tutto questo è molto interessante, senza dubbio educativo. Ma come può aiutarci a salvare la formica?»

«Ecco come faremo» sussurrò allora Alabella abbassando la voce perché nessuno a parte loro potesse ascoltare il suo complotto. «Mentre il ragno se ne resta a poltrire in panciolle noi ci avvicineremo di nascosto. Io lo distrarrò usando la mia arma invincibile, voialtri farete una catena: il farfa-cane acchiapperà il bruco per le zampe, e il bruco terrà a sua volta la bambina; poi vi allungherete il più possibile, prenderete la formica e ve la darete a gambe.»

«Potrebbe funzionare» concesse Brucozzolo, quasi sorpreso che l'idea della farfalla non fosse poi così malvagia.

Silvano zampettava entusiasta a destra e sinistra, tanto allegro che perfino Vanessa acconsentì a provare.

Camminando in punta di piedi si fecero vicino alla ragnatela e dopo essersi accertati di stare ben nascosti diedero un'occhiatina.

Il ragno era ancora lì, appeso ad un filo. Sembrava quasi

che stesse schiacciando un pisolino, solo che ogni tanto si grattava la pancia e canticchiava qualche stralcio della sua canzone.
Sotto di lui la formichina tremava e piangeva, ma aveva smesso di divincolarsi, probabilmente rassegnata al suo triste destino.
«Andiamo» ordinò Alabella, volando sul ramo sopra la testa del ragno e nascondendosi molto bene tra le foglie. Al suo segnale Vanessa, Brucozzolo e Silvano presero a strisciare a terra, ben accucciati tra le frasche e attentissimi a non farsi vedere.
«Argioppe! Argioppe!» chiamò Alabella, facendo un vocione spaventoso.
Il ragno si guardò intorno, senza vedere niente di insolito (non avrebbe certo potuto, visto che la farfalla era nascosta proprio sopra alla sua testa).
«Chi mi chiama?»
«Sono il fantasma di tutti gli insetti che ti sei pappato. Oggi sarò io a pappare te!»
Il ragno, appeso al suo filo, fece un giro su se stesso, e quando di nuovo non trovò nessuno si innervosì.
«Non scherziamo, i fantasmi non esistono. E io mi pappo chi mi pare e piace.»
«Oggi sarai tu quello che farà una brutta fine!»
«Dove sei?»
«Sono sopra la tua testa, sciocco!» disse Alabella prima di spalancare le sue ali più che poteva, per spaventarlo con i suoi Falsi Occhi.

Il ragno guardò verso l'alto, nel tentativo di scorgere il suo avversario, e proprio nel momento in cui si distrasse, giù in basso Silvano prese le zampe di Brucozzolo che a sua volta afferrò le spalle di Vanessa, proprio come avevano stabilito. Vanessa allungò le mani e riuscì ad acchiappare la formica per le zampette.
Il ragno nel frattempo stava allungando il collo verso i rami sopra di lui: «Ma dove sei? Io non vedo niente!»
«Sono un fantasma, te l'ho detto. Possono vedermi solo gli sciagurati che stanno per essere mangiati, e tra poco mi vedrai!»
Vanessa stava tirando la formica, nel disperato tentativo di liberarla, ma non riuscì ad impedirsi di dare una sbirciatina in altro, verso il ramo dove era nascosta Alabella.
Il suo trabocchetto era buono.
I Falsi Occhi dipinti sulle sue ali facevano davvero impressione. Così camuffati tra le foglie davano sul serio l'impressione di essere gli occhi di un serpente, o di una civetta in agguato tra le frasche, pronta a scattare verso la preda.

Quello che nessuno aveva messo in conto era che Argioppe non aveva una vista molto buona, quindi non distinse granché quando guardò in quella direzione e più di tanto non si spaventò. In compenso aveva un udito sopraffino e non appena riuscì ad individuare il punto preciso da cui proveniva la voce misteriosa, allungò una zampa e zac! Con una mossa fulminea agguantò la povera Alabella per il collo e la trascinò giù.

«Ecco chi era» gridò Argioppe esultante, con le zanne ad un soffio dal musetto della farfalla. «Hai qualcosa da dire prima di morire, imbrogliona?»

«Sì. Ti puzza l'alito.»

«Ah sì? Si vede che mi è venuta fame e non me ne sono accorto. Non c'è niente di meglio che una farfalla presuntuosa per antipasto.»

Argioppe spalancò le fauci, pronto a divorare la povera Alabella, ma per fortuna questa era riuscita a staccare un pezzo del ramo dove era posata e prima che il ragno potesse morderla lei glielo diede in testa.

Tump, fece il ramo.

«Ahia» fece Argioppe.

«Ahahah!La tua testa suona a vuoto! Testavuota!» fece Alabella.

Tump!

«Ahia!»

«Testavuota!»

Tump!

«Ahia!»

«Testavuota!»
Intanto che andavano avanti di questo passo, giù di sotto Vanessa, Silvano e Brucozzolo tiravano e tiravano la formichina per liberarla dalla ragnatela appiccicosa, sussurrando piano piano "Oh issa, oh issa" nel tentativo di darsi un ritmo.
Tump!
«Ahia!»
«Testavuota!»
«Oh issa!»
Tump!
«Ahia!»
«Testavuota!»
«Oh issa!»
Alla fine la formichina si staccò dalla ragnatela con un sonoro SLOP!, ma il ragno non se ne accorse perché contemporaneamente il bastone gli si fracassò in testa in mille pezzi e lui mollò la farfalla per massaggiarsi il bernoccolo che già stava spuntando.
Tutti quanti scapparono a gambe levate senza guardarsi indietro. Nessuno voleva saper cosa avrebbe fatto Argioppe se fosse riuscito a riacchiapparli, perciò si dileguarono più veloci del vento e si fermarono soltanto quando il fiatone fu così grosso da riuscire ad andare più avanti.
«Ci sta inseguendo?» domandò Vanessa.
Silvano svolazzò di un palmo sopra le loro teste, controllò e poi tornò giù con un'espressione serena e festosa stampata sul musetto.

«A quanto pare siamo al sicuro» dichiarò Brucozzolo, sollevato.
Una scossa di euforia si sprigionò tutto intorno e i nostri eroi presero ad esultare e saltellare.
«Ce l'abbiamo fatta! Ce l'abbiamo fatta!» cantavano tutti e anche Silvano abbaiava come un vero bracchetto.
Solo Alabella non sembrava affatto felice. Se ne restava silenziosa in un cantuccio senza festeggiare, e quando Vanessa se ne accorse e provò a chiederle perché era triste, la farfalla scoppiò a piangere con tanta disperazione che tutti si fermarono.
«Ero convinta di essere la numero uno del giardino, ma quando il ragno mi ha acchiappato per il collo me la sono fatta sotto dalla paura» spiegò Alabella tra un singhiozzo e l'altro.
Vanessa provò a consolarla con qualche pacca affettuosa sulla schiena. «Chiunque avrebbe avuto paura. Il ragno tigre è un animale spaventoso, anche per gli esseri umani. A me farebbe paura anche quando sono delle mie dimensioni normali.»
Ma Alabella scosse la testa disperata. «Tu non capisci. Io ho avuto davvero tanta tanta paura. Così tanta paura che mi sono venuti i capelli bianchi.»
Per mostrare il triste risultato Alabella inclinò il capo verso Vanessa. Effettivamente la peluria lì sopra era bianca come la neve.
«Ma sono solo quattro ciuffetti. Non è una cosa grave.»
La farfalla lanciò un lamento straziante. «Anche le ali mi

sono diventate bianche!» gridò e poi le spalancò perché gli altri potessero guardare meglio il triste risultato. Là dove c'erano colori, adesso non c'era più nulla. I Falsi Occhi erano spariti e così anche le sfumature e tutti i delicati riflessi che avevano tanto incantato Vanessa. Le ali della farfalla erano diventate così bianche da sembrare che qualcuno l'avesse lavata nella candeggina. La paura le aveva davvero fatto un brutto scherzo, e anche se nel momento del bisogno era riuscita a trovare il giusto coraggio per non soccombere, comunque aveva pagato amaramente le conseguenze di quello spavento.

«E adesso come farò?» proprio non riusciva a consolarsi. «Senza i miei colori, senza i miei Falsi Occhi, per me è finita. Non sarò mai più la numero uno del giardino.»
«Dài, non fare così» diceva Vanessa. «In fondo sei bella anche di questo colore.»
«Tu non capisci, bambina. Adesso, ridotta in questo stato, tutta bianca da capo a piedi, sembro una farfalla Cavolaia, o peggio ancora una farfalla del Biancospino, che sono entrambe antipatiche, pallide e stupide! Io non voglio essere bianca, io voglio tornare come prima.»
Vanessa scosse il capo: le dispiaceva per Alabella. Prima era stata piuttosto presuntuosa ad illudersi di poter sconfiggere Argioppe, ma senza il suo aiuto non sarebbero ri-

usciti a salvare la formica e, fosse solo per questo, adesso non si meritava di fare quella brutta fine.

In un gesto di imbarazzo la bambina si cacciò le mani nella tasca del grembiulino e subito le sue dita toccarono un oggetto inaspettato. C'era qualcosa dentro, qualcosa di rettangolare di cui Vanessa non si ricordava. Cos'era?

Estrasse la mano e i suoi occhi si spalancarono.

«Guardate!» proclamò agitando il bottino: una minuscola scatola di colori pastello!

«Prima di venire qui in giardino la nonna mi ha fatto fare i compiti per le vacanze» spiegò eccitata. «Questi sono i colori che ho usato. Non capite? Quando ho mangiato la Caramella Restringente e sono diventata piccolina, anche i colori si sono ristretti assieme a me. Con questi il problema di Alabella è risolto, perché adesso noialtri tutti assieme coloreremo le sue ali e le faremo tornare più belle di prima.»

Vanessa, Brucozzolo e Silvano presero tre colori a testa e si misero di buona lena a colorare le ali.

Solo la formica era rimasta tutto il tempo immobile, a guardarli con gli occhietti inespressivi.

«Tu non ci aiuti?» chiese ad un tratto Vanessa, accorgendosi che la piccola non faceva la sua parte. La formica non rispose e continuò a guardarla imbambolata.

«Forse sei ancora sconvolta per la brutta esperienza dentro la ragnatela» tentò di nuovo la bambina e le porse un colore. «Dài, dacci una mano. Ecco, prendi questo e fai del tuo meglio.»

La formica vide la matita colorata e la fissò.
La fissò molto a lungo.
E alla fine, dopo un tempo lunghissimo, disse: «Cibo!»
Poi prese il colore e se ne andò via.
Vanessa rimase a fissarla a bocca spalancata per la meraviglia e l'oltraggio. Che strane creature le formiche! Dopo tutto quello che avevano rischiato per salvarla, quella lì se ne andava e si portava via (per mangiarlo!) uno dei suoi colori.
Con un sospiro rassegnato Vanessa tornò a colorare le ali di Alabella.
In fondo poteva andare peggio; la formica si era portata via il verde acqua, e per fortuna sulle ali delle farfalle Occhio di Pavone il verde acqua non c'è.

Farfalla del mese di agosto

L'Occhio di Pavone

Chissà se Vanessa e i suoi amici hanno fatto un buon lavoro quando hanno colorato le ali di Alabella?
Tu colora seguendo i numeri, così riprodurrai alla perfezione un vero Occhio di Pavone.

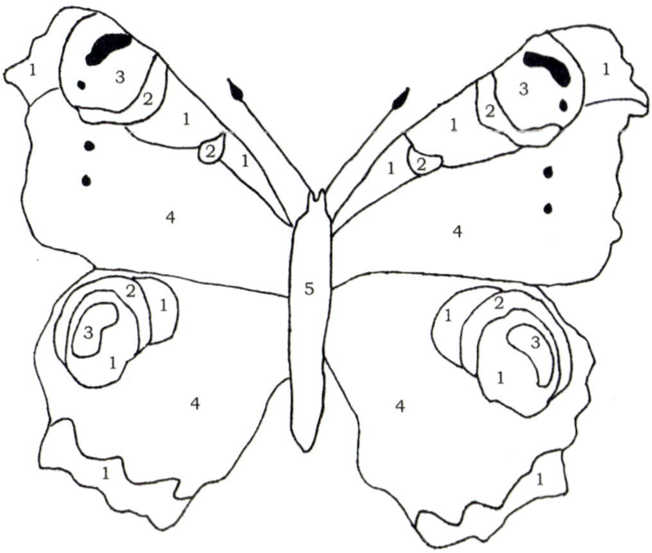

1= nero
2= giallo
3= azzurro
4= rosso
5= marrone

Favola di settembre

La Guerra degli Scherzi

A settembre nel giardino c'era sempre una grande agitazione, perché con la fine dell'estate iniziava la Guerra degli Scherzi.
Settembre infatti era il mese delle farfalle Limoncelle, quelle dalle ali color bronzo e arancio, ma era anche il mese delle Cavolaie, le farfalle bianche con i puntini neri: come tutti sanno le Limoncelle e le Cavolaie non si sopportavano.
Nemiche da sempre, trascorrevano tutta la loro breve esistenza a farsi scherzi cattivissimi.

Scherzo numero uno: i Fango Gavettoni.

Questo era lo scherzo preferito dalle Limoncelle, che si riempivano le zampe di viscide palle di fango putrido e poi, zitte zitte, si nascondevano dietro qualche riparo. Quando una Cavolaia passava lì vicino saltavano fuori e la bersagliavano di bombe finché la poveretta non finiva al suolo sporca, puzzolente e umiliata.
Bisogna sapere che ci vuole molto tempo prima che le ali di una farfalla sporca di fango tornino pulite, e ancor di più perché siano di nuovo in grado di volare. Finire sotto

una mitragliata di Fango Gavettoni poteva creare grossi problemi.

Scherzo numero due: la Testa di Rapa.

Ora, per capire bene questo scherzo dovete sapere che tutte le farfalle del mondo detestano la puzza delle rape.
Anche parecchie persone, a dirla tutta.
Ma le farfalle Cavolaie, no.
Per loro l'odore di cavolo o quello di rapa era il profumo più soave sulla faccia della terra, e per questo motivo rispondevano allo scherzo dei Fango Gavettoni con lo scherzo della Testa di Rapa.
Bastava loro volare su qualche fiore di rapa, staccarne un pezzettino, metterlo in bocca e ciancicarlo a non finire, proprio come una gomma da masticare. Poi prendevano di mira una Limoncella, puntavano la spirotromba come una cerbottana e...spuuuuuuut! Sputavano la pappa sulla testa della vittima che così avrebbe puzzato di broccoli e cavoletti per tutta la settimana. Le sue amiche l'avrebbero presa in giro senza pietà e non sarebbe riuscita a mangiare nulla finché quel tanfo non si fosse un pochino attenuato.

Appena scoppiava la Guerra degli Scherzi per il giardino era tutto un correre di qua e di là, schivare palle di fango, sputi, scoppole, e tanti altri dispetti più o meno divertenti che qualche volta sfociavano anche in vere e proprie risse a suon di cazzotti.

Kiki e Babi non si curavano di tutto quel parapiglia.
Loro erano solo due piccoli bruchi appena nati e non avevano interesse per gli scherzi, a loro importava solo mangiare tante buone foglie e stare insieme.
Vivevano felici e contenti su un ciliegio e passavano le giornate a masticare e a divertirsi. Erano amici per la pelle.
Il loro gioco preferito era mettersi ai bordi opposti della stessa foglia e prendere a rosicchiare velocissimi per vedere chi arrivava primo al centro. Di solito a quel punto la foglia cedeva e puf, loro cadevano sulla foglia di sotto con un allegro rimbalzo e ricominciavano daccapo, mangiandosi pure quella lì.
Erano nati nello stesso giorno, da due uova vicine. Appena usciti dal guscio si erano guardati e subito si erano andati a genio. Poco importava che fossero così diversi. Babi aveva il corpo completamente verde, fatta eccezione per una strisciolina gialla sul fianco, mentre Kiki era giallognolo e pieno di spine, risultate molto utili quella volta che un ragnaccio dall'aria poco amichevole si era fatto troppo vicino a Babi. Babi dal canto suo aveva una voce bellissima e tutte le volte che Kiki non riusciva a dormire gli cantava una dolce ninna nanna.

Viva viva l'amicizia
del mio cuore la delizia.
Che ci importa dei colori?
Sono uguali i nostri cuori.

Tutti quanti fan tum tum
gialli, neri, bianchi e blu.
Io son verde, tu hai le spine
ma uniamo le zampine
e un domani senza odio
sarà più che un episodio.

Era bello passare le serate così, ascoltando la voce di Babi e guardando le stelle luminose di fine estate.
La loro vita scorreva piacevolmente, ma a forza di mangiare entrambi diventavano sempre più grassi e le foglie non reggevano più il loro peso. Babi pareva non accorgersene e continuava allegramente la vita di sempre, con le sue canzoni e le sue barzellette.
Kiki invece sapeva bene cosa voleva dire, e il pensiero di quello che stava per accadere lo rattristava.

Una sera, mentre come sempre guardavano le stelle sopra ad una bella foglia del loro ciliegio, Kiki scoppiò a piangere.
«Perché sei così triste?» gli chiese Babi.
«Presto tutto cambierà»
«Che vuoi dire?»
«Voglio dire che presto inizieremo a costruirci il bozzolo, e allora non saremo più insieme.»
Babi sorrise, pieno di ottimismo.
«Ma sarà solo per un periodo breve. Quando usciremo di nuovo all'aperto ci saremo trasformati in farfalle, e allora potremo realizzare i nostri sogni: io finalmente sarò in grado di volare, e anche tu potrai arrivare a toccare una stella, come hai sempre sognato di fare; saremo belle e saremo libere.»
«Ma non saremo più insieme» protestò Kiki.
Babi lo guardò stupefatto. «Chi lo dice?»
«Lo dice la Canzone del Bruco! Lo sanno tutti che le farfalle, quando escono dal loro bozzolo, non si ricordano più nulla di quando erano bruchi. Io avrò dimenticato te, e tu avrai dimenticato me» disse Kiki.
Babi rimase a lungo in silenzio, poi il suo musetto si illuminò. «Ho un'idea! Ascoltami con attenzione. Io e te ci metteremo a fare il bozzolo uno accanto all'altro. Inizieremo nello stesso minuto e finiremo contemporaneamente.»
«Perché?»
«Perché se finiamo di fare il bozzolo nello stesso momento, allora usciremo fuori contemporaneamente. A quel punto potremo fare amicizia di nuovo, anche se non ci ricordere-

mo più di quando eravamo bruchi.»
«Sei sicuro che ci saremo ancora simpatici?»
«Ma certo! Io e te siamo amici per la pelle e lo saremo per sempre, sia da bruchi che da farfalle!»
«Va bene» acconsentì Kiki.
Il giorno dopo si misero al lavoro e iniziarono a tessere il bozzolo, tutti e due nello stesso istante. Qualche volta Kiki guardava Babi, un po' preoccupato, ma questi lo rassicurava sempre con un cenno del capo ed un bel sorriso, e allora Kiki ricominciava a tessere rincuorato.
Terminarono nello stesso istante.
Se quel giorno aveste guardato sotto quel delicato rametto di ciliegio avreste visto due bozzoli identici, soffici e splendenti di speranze.
Ma Babi non aveva tenuto conto di una cosa.
Se da bruchi erano così diversi, un buon motivo doveva pur esserci. E il motivo era semplicissimo: Kiki e Babi appartenevano a due specie diverse.
Una specie era più rapida a svilupparsi dentro al bozzolo, l'altra era più lenta.
Babi era una farfalla Limoncella, e in un'umida mattina di inizio settembre uscì fuori baldanzosa dal suo involucro.
Si guardò intorno un po' intontita ma non vide nulla di interessante: lì vicino c'era solo un ramo di ciliegio con le foglie mangiucchiate, un paio di formiche che gironzolavano per i fatti loro e un bozzolo ancora chiuso con dentro chissà chi.
Come ogni farfalla al mondo, non ricordava più nulla del-

la sua vita da bruco e non sentiva nessuna nostalgia in merito. Nell'aria aleggiava un fresco profumo di erba medica, e il suo pancino si fece subito sentire. Sopra la sua testa c'era un cielo azzurro da esplorare e anche se non ricordava nulla della sua vita di bruco, la voglia di volare se la ricordava molto bene.
Così aprì le belle ali color ruggine, aspettò il primo filo di brezza e partì felice.
Trascorsero due giorni prima che l'altro bozzolo iniziasse a muoversi e ad agitarsi, e quando il musetto e le antenne finalmente fecero capolino e Kiki uscì fuori era già sera e le prime stelle iniziavano a brillare.
Kiki era diventato una farfalla Cavolaia, candida e aggraziata. Anche lui si guardò intorno e anche lui trovò il vecchio albero di ciliegio poco interessante. C'erano solo foglie e rami, e un altro bozzolo rotto, appartenuto a chissà chi.
Ma lassù stavano brillando tantissime stelle, e anche se non ricordava nulla della sua vita di bruco, la voglia di toccarle se la ricordava bene.
Così aprì le belle ali bianche, aspettò il primo filo di brezza e partì felice.
Passarono i giorni e poi le settimane, e sia Kiki che Babi trascorrevano la loro vita in maniera piacevole. Kiki aveva trovato un campo di rape, e lì viveva per i fatti suoi con soddisfazione, fluttuando da un fiore all'altro in allegria.
Babi invece si era unito ad un gruppo di farfalle della sua specie, e si divertiva a partecipare alla Guerra degli Scherzi.

Era diventato bravissimo a volare in picchiata sopra ai suoi bersagli e a centrarli con i Fango-gavettoni, tanto che ben presto era diventato una leggenda tra le sue compagne, che lo avevano fatto diventare il loro eroe.
Ma anche se entrambi erano soddisfatti, Kiki con i suoi fiori di rapa e Babi con le sue avventure, entrambi al calar della sera sentivano un buco dentro al petto. C'era qualcosa che mancava, proprio lì, al centro del cuore, ma nessuno dei due sapeva cos'era.

Un giorno nel campo delle rape giunse un'altra farfalla Cavolaia, che si incantò a guardare Kiki mentre piegava senza sforzo il lungo stelo di un fiore per berne la rugiada.
«Sei molto forte» disse la farfalla Cavolaia con ammirazione.
«Dici?»
«Assolutamente sì. Sei più forte di tutte le farfalle che conosco. Nessuna di loro riesce a piegare un fiore.»
«Non me ne sono mai reso conto. Io vivo da solo e non ho mai potuto fare dei confronti.»
«Ah, ci farebbe molto comodo una farfalla forte come te, al nostro campo.»
«E perché?»
«Perché il capo delle nostre nemiche è una terribile Limoncella che ci fa sudare sette camicie. È un asso a volare,

va in picchiata, vira a destra, poi a sinistra. Non si riesce a starle dietro. E ci riempie di fango e di umiliazione con i suoi terribili gavettoni.»

«Ma è orribile» esclamò Kiki, indignato che qualcuno potesse essere tanto fastidioso.

«Sì, e col fatto che siamo continuamente tutte sporche di fango non riusciamo più a volare bene, e a pareggiare i conti. Ormai le nostre simili sono disperate e sconfitte.»

«Mi dispiace tantissimo.»

«Ma tu sei molto forte, più di tutte quelle che conosco. Potresti riscattarci e ridarci vantaggio. Saresti il nostro eroe.»

Kiki, desideroso di aiutare le sue simili, lasciò allora il suo bel campo di rape, e raggiunse quello di battaglia. Qui si prodigò dimostrandosi abilissimo nello scherzo della Testa di Rapa: con la sua lunga spirotromba riusciva a colpire anche bersagli molto lontani. Inoltre era bravissimo a curare le amiche ricoperte di fango e a incitarle a ritornare in guerra. Ben presto Kiki divenne il capo delle sue simili e il terrore delle sue avversarie.

«Signore, ho scoperto una cosa terribile» gli disse un giorno una sua sottoposta.

«Che cosa?» chiese Kiki, che in quel momento stava guardando il vecchio ciliegio sulla collina, quello dove un tempo c'era stato il suo bozzolo.

«Domani il capo delle Limoncelle condurrà un enorme attacco contro di noi. Le ha radunate tutte, saranno più di trecento ed hanno preparato una montagna di palle di fango. Vogliono spazzarci via.»

Le altre Cavolaie, che avevano ascoltato tutto, presero a tremare dalla la paura.
«È tutta colpa di quel loro capo!» dicevano alcune.
«Il nostro scherzo della Testa di Rapa non sarà mai e poi mai sufficiente per salvarci» piansero altre.
«Silenzio!» urlò infine Kiki. Quando tutte le sue compagne tacquero e si misero ad ascoltare, finalmente parlò.
«Sì, è vero. Il nostro scherzo della Testa di Rapa non potrà salvarci. Ma questo non vuol dire che non ci difenderemo. Se loro ci attaccheranno con i Fango Gavettoni, noi gli butteremo addosso gli Alga Gavettoni!»
Le Cavolaie si guardarono tra di loro, dubbiose. «Alga Gavettoni? E che roba sono?»
«Sono dei gavettoni fatti con le alghe del laghetto» spiegò Kiki. «Le ho inventate io qualche giorno fa. Basta prendere le alghe marce che vengono a galla sul laghetto delle ninfee, attorcigliarle per bene, farne una pallina e tirarla come se fosse un normale gavettone. Posso assicurarvi che il risultato è ancora più terribile di un Fango Gavettone. Chi si ritrova invischiato in quelle alghe non riesce più a districarsi per giorni e giorni e giorni.»
«Evviva il nostro capo!» gridarono tutte le Cavolaie, felici.

Se il giorno dopo aveste guardato il Giardino delle Farfalle vi si sarebbe offerto uno strano spettacolo: da una

parte erano schierate centinaia di farfalle bianche (e con una lente d'ingrandimento molto potente avreste visto che ognuna di loro stringeva tra le zampe delle strane palline verdi), mentre dall'altra ce n'erano altrettante color ruggine (e con la stessa lente stavolta avreste visto delle palline marroni e giallastre).
Kiki era a capo della formazione delle Cavolaie, Babi invece guidava le Limoncelle.
Entrambi si fissavano, da un capo all'altro del prato, pronti a dare il via alla battaglia, senza riconoscersi. Nessuno dei due aveva la più pallida idea che un tempo avevano giocato insieme a cadere dalle foglie del ciliegio.
«Limoncelle, all'attacco» gridò Babi, spiccando il volo in avanti.
«Alla carica, Cavolaie» fece Kiki.
I due eserciti si riversarono l'uno contro l'altro. Le palle di fango e i proiettili di alghe volavano da tutte le parti.
Le farfalle che venivano colpite dal fango cadevano sull'erba con grida di indignazione, ma anche da basso continuavano a tirare le loro bombe d'alga contro le nemiche che rimanevano in aria, che a loro volta quando venivano colpite rimanevano attorcigliate in quei filacci verdi e cascavano giù allo stesso modo. Ben presto si ritrovarono quasi tutte a terra, e chi aveva finito i gavettoni, sporco o pulito che fosse, prendeva a tirare pugni e schiaffi contro tutto quello che gli capitava a tiro.
Di lato, a guardare la battaglia, restavano alcune formiche speranzose. Se qualche farfalla ci fosse rimasta secca, loro

subito se la sarebbero portata nella tana per papparsela poi durante l'inverno.

Al centro della mischia Kiki e Babi erano i due combattenti più agguerriti. Le loro ali ormai erano tutte impiastricciate, ma nessuno dei due voleva arrendersi per primo. Ad entrambi era rimasto solo un ultimo gavettone.

Si ritrovarono uno di fronte al muso dell'altro.

Kiki alzò la zampa e tirò la sua palla d'alghe verde smeraldo.

Babi alzò la zampa e tirò la sua palla di fango giallastro.

Splach! Fece la palla di alghe che scoppiò addosso a Babi ricoprendolo di verde da capo a piedi.

Spraccch! Fece la palla di fango marrone che imbrattò completamente Kiki da capo a piedi.

Le due farfalle rimasero a guardarsi in cagnesco, col fiatone.

Entrambi gli eserciti rimasero a guardarsi in cagnesco, col fiatone.

Kiki adesso non sembrava più una farfalla, ma un grumetto senza forma, giallastro e anche Babi aveva perso le sue sembianze, completamente ricoperto di melma verde.

A guardarlo bene Kiki sembrava un bruco giallo.

E a guardarlo bene, anche Babi sembrava un bruco, ma verde.

E fu allora che i due spalancarono gli occhi dalla meraviglia; non si erano riconosciuti fino a quel momento ma adesso, così ricoperti di sporcizia, brutti e ammaccati, finalmente erano diventati familiari. In un attimo lo strano

vuoto che entrambi sentivano dentro al petto si colmò.
«Kiki» esclamò Babi, puntando la zampetta nella sua direzione.
«Babi» esclamò Kiki facendo altrettanto.
E con estremo stupore dei rispettivi eserciti, i due condottieri si abbracciarono commossi. Nessuno comprese bene cosa stava succedendo, ma proprio in quel momento, quasi per magia, iniziò cadere dal cielo una pioggerella leggera ed impalpabile che con la sua carezza lavò via tutta la sporcizia dalle ali delle Cavolaie e delle Limoncelle.
In mezzo al campo anche Kiki e Babi pian piano ripresero le loro sembianze, ma nessuno dei due lasciò l'abbraccio dell'altro, anche quando ormai la pioggia aveva restituito loro l'aspetto di due farfalle avversarie.
Da quel giorno le cose cambiarono: Kiki e Babi rovesciarono le regole della Guerra degli Scherzi. Non potevano costringere le farfalle a volersi bene, e neanche a starsi simpatiche, ma da quel giorno si stabilì che chiunque avesse tirato un gavettone ad un'altra farfalla, poi avrebbe dovuto aiutarla a ripulirsi e a rimettersi in sesto. In questo modo le Limoncelle e le Cavolaie non smisero di prendersi in giro e di farsi burle le une delle altre, ma almeno si diedero una regolata e alla fine della giornata tutte quante tornavano a casa senza troppe ammaccature.
Kiki e Babi invece tornarono ad essere amici per la pelle, come lo erano stati da piccoli. Ognuno di loro teneva d'occhio le proprie simili, per assicurarsi che non esagerassero con gli scherzi, e tornarono a vivere sul loro vecchio ciliegio.

Quando arrivava la sera si poteva ancora sentire la voce di Babi, cantare:

Viva viva l'amicizia,
del mio cuore la delizia.
Che ci importa dei colori?
Sono uguali i nostri cuori.

Fare scherzi è divertente
ma meglio farlo civilmente!
Io son bronzo, tu sei bianco
ma di giocare non mi stanco,
pensiamo a tante cose belle
ci vogliamo bene, e guardiam le stelle.

Farfalle del mese di settembre

Limoncella e Cavolaia

Siete curiosi di sapere come sono fatte le nostre due amiche-nemiche?
Colorate seguendo i numeri e lo scoprirete.
Questa è una Limoncella, proprio come Babi:

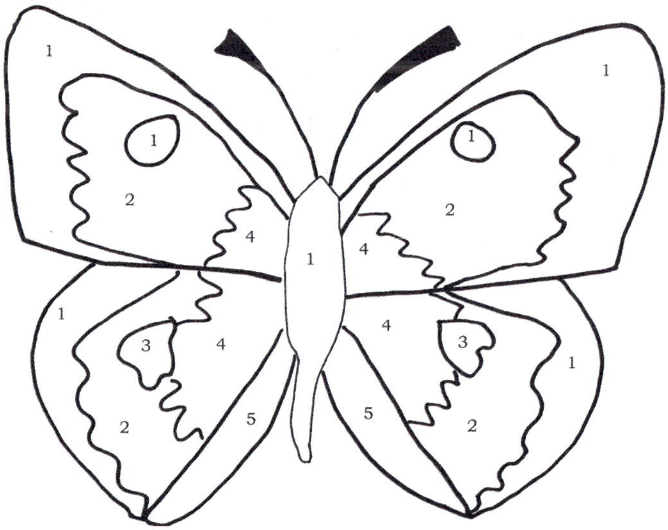

1= nero
2= marrone chiaro
3= arancione
4= marrone scuro
5= giallo

Ecco invece una Cavolaia come Kiki:

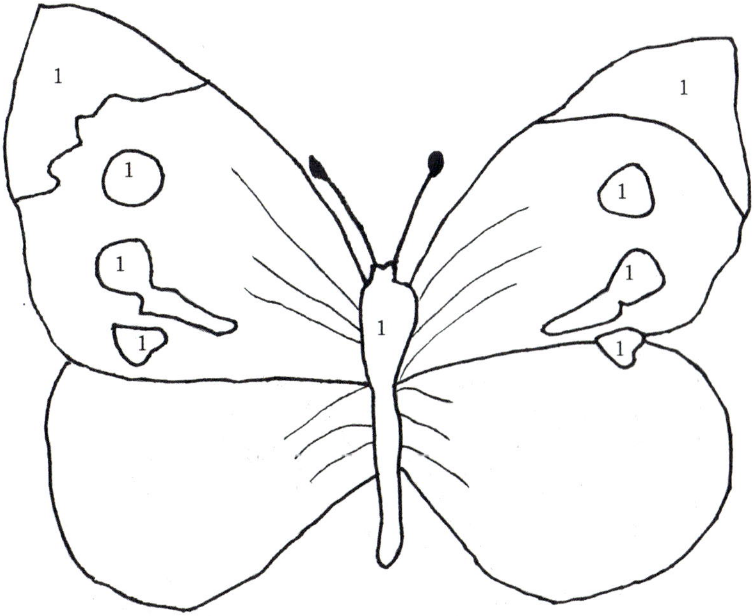

1= nero

Favola di ottobre

Il Giardino delle Farfalle

«Che cos'è questo macello?» gridò zia Cedra, detta La Decrepita.

Zia Cedra era una leggenda vivente tra tutte le farfalle del mondo, anche se ad una prima occhiata non si sarebbe mai detto: era infatti una Cedronella come tante, piccolina, tutta gialla e appena punteggiata di arancione. In più era vecchia come il cucco, il suo volo non era più molto aggraziato e i suoi colori ormai erano sbiaditi. Insomma nessuno le avrebbe dato due soldi di fiducia, se non fosse stato per il piccolo particolare che zia Cedra era in vita da anni, forse addirittura da secoli. Se pensate che alcune farfalle non vivono che poche ore, e nessuna di loro sopravvive ad una stagione, vi sarà facile capire come zia Cedra fosse una vera e propria autorità non solo tra gli insetti, ma tra tutti gli animali.
Di solito era difficile incontrarla e nessuno sapeva dove vivesse o dove trascorresse gli inverni. Ma il mese di ottobre le piaceva, così come a tutte le altre Cedronelle sue simili, e capitava che nei bei pomeriggi assolati si concedesse dei giri più lunghi del solito.
A volte arrivava anche giù alla riserva naturale dei genitori

di Vanessa e girava con pigrizia in cerca di qualche ghiotto cespuglio di ramno e dei suoi delicati fiori rosa.
Ciò che più gradiva di quelle sue capatine al Giardino delle Farfalle era il silenzio e la pace che vi si assaporavano.
In autunno, si sa, gli insetti diminuiscono: le formiche si rintanano nei loro rifugi, le cicale smettono di fare quel frastuono infernale che, con la loro faccia tosta, chiamano musica, i grilli non saltano più, e soprattutto le farfalle sono ormai quasi tutte morte o al finire della loro stagione.
Alla Decrepita piaceva tantissimo gironzolare nella solitudine, nella tranquillità, nella quiete.

«Pistaaaaaaaaa» sentì gridare alle sue spalle prima di essere quasi spazzata via da un turbine che la spedì col sedere per terra e le zampe per aria.
«Ma che diamine...» stava già iniziando a brontolare quando qualcuno la prese per un fianco e la aiutò a tirarsi su.
«Oh signora, come mi dispiace!» disse la bambina che la stava aiutando a rimettersi in sesto; tutti i rimproveri che zia Cedra stava per urlare scomparvero in un'esclamazione di meraviglia. In tanti anni (di più: secoli!) che era in circolazione mai e poi mai le era capitato di vedere una bambina piccola come un acino d'uva e un bruco a bordo

di una macchina volante piena di leve ed ingranaggi.
«Lo dico sempre a Brucozzolo che deve andare piano» stava aggiungendo la bambina, dispiaciuta. «Brucozzolo, chiedi scusa alla signora!»
Il bruco uscì fuori dallo strano marchingegno e chinò la testa tutto mortificato: «Mi scusi, signora. Spero che non si sia fatta male.»
Zia Cedra stava cercando con tutta se stessa di darsi un tono, anche se di fronte a lei stava accadendo qualcosa fuori dal comune.
«Ecco, io… tutto sommato sto abbastanza bene…» borbottò, ma proprio in quell'istante arrivò una farfalletta azzurra che prese a volare in tondo sopra le loro teste, abbaiando festosa.
«Bau bau bau» faceva il piccolo Silvano Azzurro, e a zia Cedra di nuovo mancò la parola.
Questa le batteva tutte.
La sua meraviglia non era tanto legata al fatto che quella farfallina si credesse un cane. Quello era un Silvano Azzurro, e lo sanno tutti che i Silvani Azzurri sono matti come cavalli. Molti di loro sono addirittura convinti di esserlo, un cavallo! No, la cosa inverosimile era che ad ottobre inoltrato quel Silvano Azzurro fosse ancora vivo e arzillo come in primavera!
«Come fai a non essere morto?» chiese zia Cedra esterrefatta. «La tua ora è scoccata da un bel pezzo.»
Silvano per tutta risposta si mise a ringhiare.
«Ma cosa dice, signora?» intervenne Vanessa. «Silvano è

il mio farfa-cane e sta benissimo, mille grazie. Non vedo proprio perché dovrebbe morire!»
«Il tuo Silvano è un Silvano Azzurro» spiegò zia Cedra. «E lo sanno tutti che i Silvani Azzurri non campano oltre l'estate.»
Vanessa alzò la testa con orgoglio. «Lo faccio uscire tutti i giorni per i bisognini, fa tanta ginnastica e tutte le sere prima di andare a dormire gli do le vitamine. Il mio Silvano camperà molto a lungo, non si preoccupi.»
«Wuf» fece Silvano come per sottolineare il concetto e zia Cedra non ebbe la possibilità di rispondere perché Vanessa si riscosse e la prese di nuovo sottobraccio.
«Presto, spostiamoci di qui. Stavo dimenticando la cosa più importante. Tra poco passerà la corsa» disse la bambina, e con dolce fermezza trascinò la vecchietta da una parte.
«Che corsa?» domandò zia Cedra, accorgendosi solo in quel momento che tutto attorno a loro c'erano tantissimi insetti.

Formiche, lombrichi, lumache, api, mosche e addirittura alcune libellule erano schierati a destra e sinistra di una strisciolina spianata che serpeggiava tra i fili d'erba. Molti sventolavano delle bandierine colorate. Un nugolo di moscerini stendeva uno striscione che diceva: "Aurora, corri a cento all'ora!".

Un gruppetto di giovani cimici cantava: "Macaone, Macaone, sei tu il mio campione!".
«Ma che cosa succede qua, si può sapere?» chiese zia Cedra.
«Sta per partire la Corsa» spiegò Vanessa. «La prima edizione del Gran Premio del Giardino. Tutte le farfalle partecipano, e il vincitore verrà dichiarato Campione dell'Anno.»
«E tutti questi altri insetti qua attorno?»
«Loro sono i tifosi. Oh, signora! Guardi guardi! Ecco che sta per passare la corsa!»
E infatti all'orizzonte comparve una nuvola di mille colori che si avvicinava frullando e palpitando. Solo che non era una nuvola vera, ma il gruppo delle farfalle che partecipavano alla gara e vogavano nell'aria autunnale, tentando la vittoria.
Zia Cedra non credeva ai propri occhi. Erano tante. Ma cosa più importante… c'erano tutte.
Anche se la sua vista non era più nitida come un tempo, la vecchia farfalla poteva chiaramente distinguere in quella valanga di ali le Vanesse, le Aurore, i Macaoni, tantissimi Silvani Azzurri, numerose farfalle Pavone, le Cavolaie, le Limoncelle, e addirittura alcuni esemplari di farfalla Apollo. Perfino quelle timide scorbutiche si erano decise a scendere giù dalle cime delle montagne per partecipare al Gran Premio.
Una cosa del genere aveva del miracoloso, e la portata dell'evento scosse l'anziana. Senza ascoltare le proteste di Vanessa e dei suoi compagni svolazzò di fronte ai concor-

renti che stavano arrivando a tutta velocità. Poi con una voce di autorevolezza centenaria gridò:

«FERMI TUTTI!!»

La corsa si fermò.
Centinaia di farfalle rimasero sospese, fluttuando a mezz'aria, di fronte alla vecchia farfallina un po' appassita. Dopo un primo momento di silenzio si poté sentire la folla bisbigliare.
«Che c'è?»
«Che succede?»
«Ma chi è quella?»
«Sacra pappa reale! Ma quella è La Decrepita!»
«La Decrepita!»
«La Decrepita!»
La notizia si sparse per il giardino veloce come un alito di vento, e in pochi attimi tutti sussurravano il nome della Decrepita, guardando con aspettativa nella sua direzione.
«E adesso che qualcuno mi spieghi quello che sta succedendo qui» ordinò la vecchia.
Una farfalletta lì vicino rispose: «Stiamo correndo il Gran Premio del Giardino, sua Saggezza.»
La voce di zia Cedra risuonò più severa che mai: «Sono la Decrepita, ma non sono rimbambita! Lo vedo benissimo

che state correndo una corsa. Ma io mi riferivo ad una cosa molto più importante!»
«Che?»
«Mi riferivo al fatto che siete tutte vive. E contemporaneamente! Come è possibile che le Vanesse siano ancora in forma ad ottobre, quando dovrebbero stare in circolazione soltanto a marzo? E i Macaoni! Voialtri di solito per quando arriva luglio siete già tutti stecchiti!»
Giù dabbasso, dal prato, giunse la vocina timida di Vanessa che disse: «È colpa mia, signora Decrepita.»
«In che senso, bambina?»
Vanessa spiegò quello che le era successo negli ultimi mesi. Raccontò di come le fosse stato donato un barattolo di caramelle magiche, che le davano il potere di restringersi per un'ora, e di come ne avesse approfittato per diventare amica di tutte le farfalle del giardino.
Aveva insegnato alle farfalle Aurora ad essere meno antipatiche con i più deboli, aveva tenuto i Silvani Azzurri lontano dai guai, grazie anche all'aiuto del suo piccolo farfa-cane, e aveva anche curato i bernoccoli di numerose falene. Insomma, a farla breve, durante quei mesi Vanessa aveva dato una mano a tutti quanti.
Non per niente gli insetti la chiamavano Super Vanessa.
E così tanti, anzi tantissimi, erano sopravvissuti molto più a lungo di quanto la natura aveva stabilito per loro.

«Voi non vi rendete conto…» mormorò zia Cedra. Sembrava sul punto di scoppiare a piangere.

«Mi dispiace» disse Vanessa «ma non potevo lasciare che morissero. Il più delle volte ci lasciavano le penne per dei motivi così sciocchi!»

«Esatto!» gridò zia Cedra. «Noi moriamo a causa di motivi sciocchi perché siamo state maledette, tanti secoli fa. Addirittura prima che io nascessi.»

«Davvero?» chiese Vanessa.

Tutti gli insetti assentirono. Quella leggenda era molto nota tra loro, ma la bambina chiaramente non ne sapeva nulla.

«Sì» spiegò zia Cedra. «Lo sanno tutti: la Regina delle Fate ci ha condannato ad una vita breve, togliendoci l'intelligenza. Non so se te ne sei accorta, bambina, ma le mie simili sono tutte un po' stupidelle.»

Vanessa diede un leggero colpetto di tosse. Non voleva essere maleducata ed insultare zia Cedra e le sue compagne, ma sì, se ne era accorta eccome. «Sì» disse Brucozzolo col tono di chi la sapeva lunga. «Tutte le farfalle vagheranno senza senno, finché non ritroveranno l'intelligenza perduta. Ma nessuno sa dove si trova.»

Zia Cedra allora gridò: «Io lo so!»

A quella rivelazione tutti gli insetti del giardino drizzarono le antenne.

«Dove?»

«Diccelo, diccelo. Siamo curiosi!» gridavano tutti.

«Come fai a saperlo?»

«Lo so perché il mio rifugio si trova in un luogo speciale. Io vivo sopra al monte Castro, nella Città Perduta dei Piceni. È un luogo magico, inaccessibile agli esseri umani. Si dice che quella città risalga addirittura all'epoca di Fara e Lena, le fate da cui noi discendiamo.»
«Sì, ma questo che c'entra?» domandò qualcuno.
«C'entra perché là dove vivo c'è un'iscrizione con un'antica profezia. Ascoltate cosa dice:

Per spezzar la maledizione
solo una è la soluzione:
ritroviamo il senno perso
come tesoro nel mar sommerso.
La mappa veder potrai
se tutte insieme ci metterai.»

Tutte le farfalle del campo si guardarono tra di loro con aria inebetita, prima di rispondere in coro: «Embé?»
«Come "embé"? Finora la profezia non si è mai potuta realizzare perché non era possibile stare tutte assieme. Ma oggi, grazie all'aiuto di questa bambina, ci siamo tutte. Quindi adesso la mappa del tesoro, la mappa che ci rivelerà il luogo dove è nascosta la nostra intelligenza perduta, si rivelerà!»
Quelle parole provocarono un brusio eccitato.
«Finalmente non saremo più stupide» bisbigliavano le une con le altre, piene di trepidazione.
Appena i commenti euforici si smorzarono un gran silenzio cadde sul giardino. Da un lato c'era l'enorme nube di

farfalle, ormai dimentiche del Gran Premio del Giardino.
Dall'altra parte c'era zia Cedra, tutta vibrante di emozioni. In basso, sul prato, Vanessa, Silvano e Brucozzolo aspettavano quello che sarebbe avvenuto.
Si avvertiva qualcosa di grande nell'aria, qualcosa che attendeva sopito da secoli e secoli.
Rimasero tutti in silenzio per parecchi minuti.
Alla fine Brucozzolo si decise a parlare: «Quando arriva la mappa?»
Zia Cedra si grattò la testa: «Non lo so di preciso… La profezia questo non lo dice…»
Dopo qualche altro istante di incertezza dal nuvolone di farfalle sorsero delle voci: «Secondo me ha letto male! In fondo, alla sua età, la vista non è più tanto buona.»
«Già, io mi sono stancato di aspettare.»
«Riprendiamo la Gara, che ne dite?»
Zia Cedra alzò le zampine: «No, aspettate. Questa cosa è molto più importante di una stupida corsa!»
Vanessa voleva dire qualcosa anche lei, per dare man forte alla vecchietta. Aveva ragione, accidenti! Quelle sciocchine di farfalle non avevano neanche la pazienza di aspettare qualche minuto, tanta era poca la loro attenzione. Ma non ebbe modo di dire nulla perché si accorse che stava diventando sempre più grande.
L'effetto della Caramella Restringente era terminato.

Ormai le farfalle la conoscevano bene e non si spaventavano più delle sue trasformazioni; quindi il grande sciame colorato si fece un po' più in là, aspettando che Vanessa prendesse una nuova caramella e tornasse piccolina. E lei stava in effetti per farlo quando si fermò.

C'era qualcosa di strano.

A guardarle così tutte assieme dall'alto, tutte quelle ali colorate le facevano venire in mente qualcosa di noto, qualcosa che non sapeva bene cosa, ma le sembrava importante.

«Macaoni, andate tutti a destra!» ordinò.

Ma siccome era grande nessuno la comprese.

Silvano da bravo farfa-cagnolino corse ai ripari, abbaiando a tutto spiano e costringendo i Macaoni a spostarsi verso destra. Sembravano in effetti le pecorelle di un gregge guidate dal cane pastore.

«Bravissimo, Silvano! E adesso manda tutte le Cavolaie al centro, per favore!»

Silvano costrinse allora la farfalle bianche ad andare nel centro della mischia con degli accorati «Baubaubaubau!»

«Farfalle Pavone, tutte in basso!»

Via via che Vanessa faceva spostare i gruppi di farfalle, il grande nuvolone formato dalle loro ali colorate prendeva forma, come se si fosse trattato di un enorme puzzle.

«Aurore, a sinistra!»

Eccola la mappa della profezia!

Era disegnata sulle ali delle farfalle, ma per poterla avere si doveva per forza vederle tutte assieme. Questo non era mai stato possibile, perché nessuna di loro era mai riuscita a vivere più di un mese; ma adesso che c'era Vanessa con le sue Caramelle Restringenti, le cose erano cambiate.

«Limoncelle, in alto!»

Ormai il quadro si era formato, e rappresentava chiaramente la mappa di quei luoghi. Mancava solo un pezzo, al centro. Un piccolo spazio vuoto proprio dove sarebbe dovuta comparire la X, come in ogni mappa del tesoro che si rispetti: e ormai era molto chiaro quale fosse l'ultimo pezzo del puzzle.

«Silvano, manca solo zia Cedra» disse Vanessa saltellando contenta.

La vecchietta centenaria era il tassello mancante, e con lei finalmente Vanessa avrebbe potuto scoprire qual era il nascondiglio del tesoro, ovvero il luogo dove secoli addietro la Regina delle Fate aveva scaraventato l'intelligenza di Fara e Lena. Se lo avessero ritrovato finalmente le farfalle avrebbero potuto badare a se stesse.

«Eccolo, lo vedo! Ho capito! So dov'è!» gridò Vanessa entusiasta, incredula che il luogo dove cercare fosse proprio all'interno del Giardino delle Farfalle.
Si precipitò a svitare il tappo delle Caramelle Restringenti, per tornare piccola e svelare alle farfalle il luogo preciso.
Ma quando fece per prenderne una si accorse con disappunto che le pastiglie erano finite. Le aveva mangiate tutte nel corso dell'estate e adesso non c'erano più.
«Oh no! Come faccio? Io devo dire alle farfalle dove si trova il tesoro...» mormorò accorgendosi oltretutto che quelle piccole pesti stavano diventando sempre più irrequiete e abbandonavano la loro postazione sul grande puzzle.
«Aspettate un attimo» brontolò la bambina, ma naturalmente nessuno le diede retta. Tempo due minuti, la mappa tanto bella e ordinata tornò ad essere un ammasso indisciplinato di frulli e svolazzi. Pochi attimi dopo le farfalle ripresero a scapicollarsi lungo il percorso del Gran Premio del Giardino. Probabilmente avevano deciso che era meglio una coppa oggi che un'intelligenza domani.
Perfino la vecchia zia Cedra si era unita alla calca dei concorrenti!

Ormai vicino a Vanessa era rimasto soltanto Silvano.
«Pazienza cucciolo, in fondo abbiamo fatto del nostro meglio» sospirò la bambina.

Poi raccolse da terra Brucozzolo e se lo portò all'altezza del viso.
«Immagino che dovrò aspettare la prossima primavera per rivelare a quelle pazzarelle cosa ho visto sopra le loro ali.»
Brucozzolo pareva perplesso.
Sicuramente si stava chiedendo come avrebbe fatto Vanessa a tornare piccolina adesso che aveva finito le caramelle magiche.
«Oh, non preoccuparti» lo tranquillizzò la bambina. «Quello è stato il premio della Fatina dei Dentini per il mio primo dente da latte. Ne ho altri diciannove che devono ancora cadere. Ci sarà da divertirsi, vedrai. Le nostre avventure sono appena iniziate!»

Farfalla del mese di ottobre

Cedronella

Per scoprire come è fatta la vecchia zia Cedra, e tutte le Cedronelle come lei, colora seguendo i numeri.

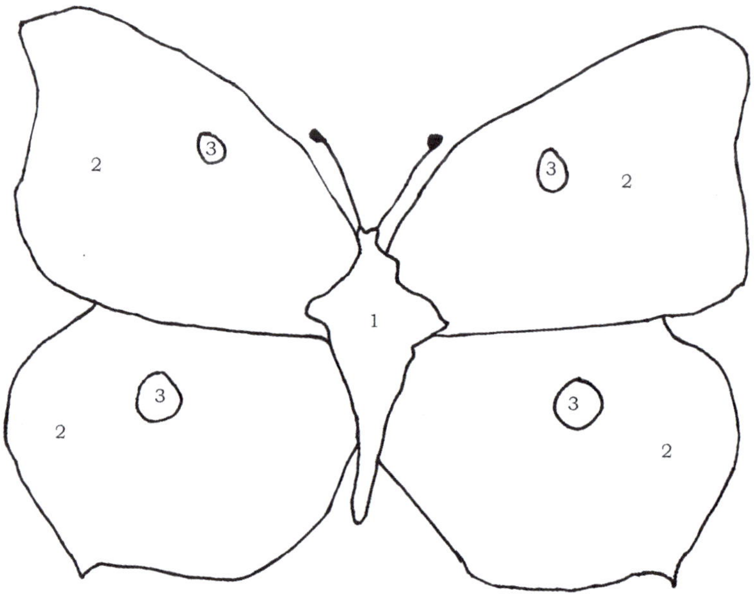

1= nero
2= giallo
3= arancione

Ringraziamenti

Ringrazio tutte le persone che mi hanno aiutato ad entrare nel micromondo.
Claudio, perché rilegge con attenzione e ferocia ogni riga che scrivo.
Sofia Luna ed Ettore, perché sono la mia continua fonte di ispirazione.
Patrizio e Fabiana, per il prezioso lavoro che svolgono all'interno del vero Giardino delle Farfalle.
Simone Giaconi perché ha sempre fiducia in me.
Silvia Sopranzi per le stupende illustrazioni che ha creato per accompagnare le mie storie.
Alina Petrova perché in un giorno in cui ero particolarmente in crisi di idee mi ha dato lo spunto giusto per la storia di Kiki e Babi.
Ma soprattutto vorrei ringraziare alcune amiche speciali, senza le quali queste favole non sarebbero mai esistite.
Eccole qua:

Vanessa Atalanta

Farfalla Aurora

Silvano Azzurro

Macaone

Falena Saturnia

Farfalla Apollo

Occhio di Pavone

Cavolaia

Limoncella

Cedronella

Il Giardino delle Farfalle esiste davvero.

Si tratta di un parco attrezzato di circa un ettaro, dove si possono svolgere numerose attività didattiche con le scuole o trascorrere alcune ore in famiglia a contatto con il verde che fa da padrone.
Lungo il percorso si può visitare la serra osservatorio, lo stagno con i suoi abitanti, l'orto officinale, la zona delle erbe aromatiche, le aree attrezzate per il pic-nic e soprattutto il museo dove si apprende tutto quello che c'è da sapere sulle farfalle.

Questo luogo speciale si trova a Cessapalombo, in provincia di Macerata, e merita senza ombra di dubbio più di una gita.

http://www.giardinofarfalle.it/

Indice